CUMULAÇÃO EVENTUAL DE PEDIDOS

Art. 289 do CPC sem segredos

T625c Tjäder, Ricardo Luiz da Costa
Cumulação eventual de pedidos: art. 289 do CPC sem segredos / Ricardo Luiz da Costa Tjäder. — Porto Alegre: Livraria do Advogado, 1998.
114p.; 14x21 cm.

ISBN 85-7348-085-8

1. Cumulação de pedidos: Processo Civil. I. Tílulo.

CDU 347.92

Índice para catálogo sistemático

Cumulação de pedidos: Processo Civil

(Bibliotecária responsável: Marta Roberto, CRB 10/652)

Ricardo Luiz da Costa Tjäder

CUMULAÇÃO EVENTUAL DE PEDIDOS

Art. 289 do CPC sem segredos

livraria DO ADVOGADO editora

Porto Alegre 1998

Capa, projeto gráfico e diagramação
Livraria do Advogado / Valmor Bortoloti

Revisão
Rosane Marques Borba

Livraria do Advogado Ltda.
Rua Riachuelo, 1338
90010-273 Porto Alegre RS
E-mail: livadv@vanet.com.br
Internet: www.liv-advogado.com.br

Impresso no Brasil / Printed in Brazil

À Marilene, Daniel, Joyce e Michelle,
pelas horas de convívio que a elaboração
deste livro lhes roubou.

Agradeço a todos aqueles que contribuíram para que este livro fosse realizado, quer com troca de idéias, empréstimo de livros, coleta e envio de acórdãos, ou com o simples, mas importante e necessário, apoio.

Prefácio

Conheci o autor da presente obra por ocasião do curso de especialização levado a cabo pela Universidade de Cruz Alta, que o Dr. Ricardo Luiz da Costa Tjäder cursava como aluno, mesmo já sendo professor daquela Casa.

Como requisito de conclusão do referido curso, impunha-se a elaboração de uma monografia, orientada por um dos professores. Coube-me a grata satisfação de ser escolhido pelo autor para desempenhar tal papel.

O afinco dedicado por Ricardo Tjäder ao trabalho resultou em mais do que uma simples monografia de conclusão de curso, mas em obra de relevante utilidade teórica e prática sobre a cumulação eventual de pedidos.

A presente obra é o fruto do profícuo trabalho de conclusão e ganha maior valor se consideradas as circunstâncias em que foi elaborada. É que Ricardo Tjäder, além de ministrar aulas na Unicruz, ainda exerce as funções de magistrado daquela Comarca, bem como ministra aulas na Escola Superior da Magistratura, além de atividades acadêmicas as mais variadas.

Tendo tais encargos, dispôs-se a freqüentar um curso de especialização e a aprofundar o tema da conclusão, demonstrando não só a seriedade de seu trabalho, mas a busca constante do saber e do aprimoramento, para com isto aperfeiçoar suas atribuições de professor e magistrado.

A obra, fruto de pesquisa doutrinária e jurisprudencial, traz aspectos de ineditismo na especificidade do tema. É que não se tinha na literatura processual pátria obra que tratasse detidamente da cumulação de pedidos feita de forma sucessiva, ou eventual, como prefere o autor.

Após realizar um excurso sobre os aspectos genéricos do pedido, o autor analisa a principiologia inspiradora da figura da cumulação eventual, bem como as vantagens para a prática judiciária da adoção de tais pedidos. A seguir, é feito um exame abrangente de vários pontos nos quais a cumulação tem reflexo ou pode ser afetada.

O instituto, freqüentemente confundido na prática do foro por advogados e juízes, com o pedido alternativo ou com os pedidos cumulados, apresenta contornos próprios e que servem à boa propositura da demanda.

Sendo o processo regido pela regra da coextensão entre a sentença e o pedido, e vigorando a norma do art. 460 e do seu parágrafo único, que veda (em conjunção com o art. 128, todos do CPC) a sentença fora do pedido e impõe a certeza do *decisum*, a figura do art. 289 do CPC permite um maior alcance da decisão em relação às pretensões do autor.

Por tal motivo, bem ressalta o autor que *"a utilização do instituto da cumulação eventual de pedidos aumenta a área de abrangência do pedido, isto é, faz com que o pedido seja mais amplo, com mais possibilidade de atendimento do interesse do autor, em virtude de ser dado ao julgador maior número e maior variação de formas jurídicas de satisfação da pretensão do autor"*.

Este trecho mostra a preocupação do juiz em, diante de uma situação concreta, vislumbrar alguma pretensão favorável ao demandante e ver-se de mãos amarradas pela exigüidade do pedido.

A presente obra, neste ponto, é exemplo de como o bom julgador preocupa-se com a salvação do feito.

Vislumbrei, desde o início da orientação, muito embora nunca tenha dito ao autor, que a obra traduzia esta virtude: a do julgador que, dentro da sistemática do ordenamento jurídico (e não no fácil caminho do repúdio à ordem constituída), busca prestar uma jurisdição o mais próximo da solução real do litígio.

Para tanto, flexibilizar a rigidez das amarras do pedido único (seja pela sua iliquidez quando necessário, seja pela sucessividade das pretensões) é uma forte arma na mão de quem pede e de quem julga. Evitam-se demandas futuras e só por isto o instituto já mereceria maiores atenções.

Felizmente, as preocupações e as alternativas pensadas pelo autor tornam-se públicas e com isto possibilitam a difusão e o estudo sério de ponto ainda insuficientemente explorado até na prática judiciária.

Por fim, a obra, tratando de tema processual, concede ao estudo a moderna função que a processualística lhe atribui, ou seja, o caráter instrumental, dentro de um formalismo moderno, que sirva tanto aos valores da segurança quanto da justiça, traduzindo um meio processual de melhor atender à pretensão material que subjaz a todo feito.

Com o presente livro, o autor contribui ao mundo jurídico ao focar as luzes de seu trabalho em tema importante para o bom andamento do processo, por isto parabenizo-o e também aos seus leitores, que desfrutarão de texto agradável e certeiro.

Boa leitura.

LUIS RENATO FERREIRA DA SILVA
Professor de Direito Civil da PUC-RS
Mestre em Direito pela UFRGS
Doutorando em Direito pela USP

Sumário

Introdução e exposição do plano

A sistemática processual brasileira permite a cumulação de pedidos, em determinadas circunstâncias, face às suas vantagens para a economia e a efetividade do processo, permitindo que se resolva, mais rapidamente e com mais eficácia, o conflito de interesses existente entre as partes. Entre as formas de cumulação, o Código de Processo Civil brasileiro prevê a cumulação eventual de pedidos, que permite seja resolvido o conflito de interesses por mais de uma maneira jurídica diversa. Entretanto, esse instituto tem sido muito pouco examinado pela doutrina nacional. E, quando isso é feito, é de maneira muito superficial, ensinando apenas os seus conceitos básicos. Também por parte dos advogados, que são os que podem formular pedidos com essa natureza de cumulados, o instituto tem tido muito pouca utilização.

Este livro tem como objetivo chamar a atenção para a utilidade e conveniência de utilização do instituto, apresentando, destacando e explicando alguns aspectos que possam servir de norte aos profissionais do Direito que, por ventura, desejem dele se utilizar, ou que a isso se vejam obrigados por iniciativa de outrem.

Inicialmente, relembrarei algumas definições prévias, na área do direito processual, especialmente sobre os elementos da ação, com destaque para um deles, o pedido, procurando delimitá-lo adequadamente, mostrando a sua definição, características e função. Serão examinadas, também nessa fase, as várias espécies de pedidos, para se situar a cumulação eventual de pedidos no seu local adequado, dentro desse quadro geral.

Posteriormente, numa segunda fase, passarei a tratar, de forma mais específica, sobre o próprio instituto da cumulação eventual de pedidos, apontando para os princípios justificadores da sua existência, as suas vantagens, seus requisitos de admissibilidade e uma série de outros aspectos que, de alguma forma, modifiquem os diversos atos processuais em todas as fases do andamento do processo, desde os aspectos específicos da petição inicial, até a sua influência na sentença e nos recursos contra ela interpostos.

Observo, ainda, que, sem deixar de destacar a relevância dos temas referentes à causa de pedir e das definições que dividem o pedido em mediato e imediato, centrarei o trabalho no pedido como pretensão de direito material, que diz mais respeito com a cumulação estudada, pois é no seu aspecto material, na maior parte das vezes, que se distinguirão os pedidos principal e subsidiário.

De forma proposital, não abordarei a questão da cumulação eventual em relação ao instituto da antecipação de tutela, por se tratar a norma do art. 273 do Código de Processo Civil de assunto de extrema novidade no direito processual brasileiro, não estando os seus aspectos e a sua interpretação, quer doutrinária, quer jurisprudencial, suficientemente aclarados, tornando-se extremamente dificultoso discutir sobre as suas alterações, quando se tratar de uma ação com cumulação eventual de pedidos. Seria necessário, para tal, discutir, de forma demorada, todos os contornos e aspectos da antecipação de tutela, para poder-se avançar em relação a interpenetração existente entre os dois institutos. Mas não há possibilidade para isso neste trabalho, sob pena de se desviar, demasiadamente, do seu norteamento inicial.

Finalizando, apresentarei as conclusões finais, sobre o instituto e sobre seus aspectos mais relevantes, especialmente sobre a ótica de quem com ele lidar de forma profissional, e não apenas como estudo didático e acadêmico.

Capítulo 1

Aspectos prévios

Para podermos bem examinar o tema da cumulação eventual de pedidos, é necessário que sejam lembrados alguns temas que lhe são básicos: a identificação dos elementos da ação, a definição de pedido, os seus aspectos gerais, a sua função e as suas espécies, destacando-se as várias formas de cumulação de pedidos.

1.1. Elementos da ação

A ação possui elementos de três naturezas diversas, quais sejam: as partes, a causa de pedir e o pedido.

Partes são as pessoas que postulam para si alguma providência judicial, capaz de corresponder ao que Chiovenda denomina de "bem da vida" e aqueles contra quem se pede esta providência[1]. São, em suma, as pessoas que, em cada processo judicial, estão sujeitas à autoridade do juiz e que poderão ser atingidas pelas decisões e sentença final por ele exarada[2].

Causa de pedir é o conjunto dos fatos constitutivos que podem caracterizar o direito de que a parte autora se considera titular (que caracteriza a sua pretensão,

---

[1] SILVA, Ovídio A. Baptista da. *Curso de Processo Civil*. Porto Alegre, Fabris, 1987, v. 1. pp. 187-8.

[2] CINTRA, Antônio Carlos de Araújo *et alii*. *Teoria Geral do Processo*. São Paulo, Malheiros, 1993. p 220.

resistida por ação ou omissão de outrem) e que embasam o pedido por ela formulado ao órgão jurisdicional. O que constitui a *causa petendi* é apenas a exposição dos fatos, e não a sua qualificação jurídica, podendo esta estar errada e, mesmo assim, vir a parte autora a receber o provimento jurisdicional pretendido, se os fatos narrados (e que dão consistência ao direito pleiteado) tiverem efetiva relação com o pedido formulado.

Pedido é o que a parte espera que lhe seja deferido pelo órgão jurisdicional, vindo a satisfazer a sua pretensão até então resistida e não satisfeita por uma vontade contrária, ou por alguma impossibilidade de efetivação sem o ato jurisdicional. É o que os integrantes do pólo ativo esperam receber como resultado útil da provocação feita ao Poder Judiciário.

O conjunto desses três elementos permite distinguir uma ação das demais, identificando-a plenamente, já que apenas a completa coincidência entre eles é que fará com que duas ações sejam iguais. A existência de diferença em qualquer um deles já é suficiente para caracterizar que as duas ações não sejam iguais, sendo apenas relativamente semelhantes, mas distintas nas suas verdadeiras essências[3].

1.2. Aspectos gerais referentes ao pedido

1.2.1. Definição

Apesar de já ter sido formulada uma definição prévia de pedido[4], é necessário examinar o tema de maneira mais completa. Destaque-se inicialmente, que

[3] Critério da tríplice identidade adotado pelo Código de Processo Civil brasileiro, com base nos ensinamentos de mestre do Comendador Matteo Pescatore - ver a respeito MONIZ DE ARAGÃO, E. D. *Conexão e Tríplice Identidade*. AJURIS. Porto Alegre, *28* :72-80.

[4] Item 1.1. deste trabalho.

não se encontra qualquer definição de pedido nos arts. 286 a 294 do Código de Processo Civil, que tratam do instituto em nosso País.

Assim, os subsídios para se lidar com esta conceituação tem que ser procurados em outras fontes.

O Código de Processo Civil português oferece melhores condições de se fixar uma definição, quando afirma que "há identidade de pedido quando numa e noutra causa se pretende obter o mesmo efeito jurídico"[5], o que levou Anselmo de Castro a estabelecer a seguinte definição: "Por pedido entende-se, na definição legal, o efeito jurídico que se pretende obter com a acção"[6], seguindo Luso Soares na mesma senda ao afirmar que "o pedido é o efeito jurídico pretendido pelo autor"[7].

No Brasil, José Frederico Marques afirmou ser o pedido "a formulação do bem jurídico que o autor procura obter com a ação, isto é, a prestação jurisdicional pleiteada"[8]; enquanto Arruda Alvim afirmou que "o pedido representa o tipo de bem jurídico desejado pelo autor ..."[9]; Alcides de Mendonça Lima definiu como sendo "o ato pelo qual o autor formula sua pretensão contra o réu para ser julgado pelo juiz"[10]; e Milton Paulo de Carvalho define o pedido como "o anseio, a aspiração do demandante"[11].

---

5 Art 498º., n. 3.

6 CASTRO, Artur Anselmo de. *Direito Processual Civil Declaratório*. Coimbra, Livraria Almedina, 1981, p. 201. *In:* CARVALHO, Milton Paulo de. *Do Pedido no Processo Civil*. Porto Alegre, Fabris, 1992, p. 70.

7 SOARES, Fernando Luso. *Direito Processual Civil*. Coimbra, Livraria Almedina, 1980, p. 251 *In:* CARVALHO, Milton Paulo de. ob. cit.

8 MARQUES, José Frederico. *Manual de Direito Processual Civil*. São Paulo, Saraiva, 1974, v. 2, p. 46.

9 ALVIM, José Manoel de Arruda. *Manual de Direito Processual Civil*. São Paulo, Ed. Revista dos Tribunais, 1978, v. 2, p. 139.

10 LIMA, Alcides de Mendonça. *Dicionário do Código de Processo Civil brasileiro*. São Paulo, Ed. Revista dos Tribunais, 1986, pp. 429-30.

11 Ob. cit. p. 97.

Existem, por sua vez, posições doutrinárias que admitem, ao mesmo tempo, em cada lide, duas espécies de pedidos: o imediato, caracterizado pela pretensão processual, e o mediato, referente à pretensão de direito material.

Neste trabalho não se utilizará desta definição que admite esta duplicidade de conteúdo da expressão "pedido", pois lidaremos com a expressão pedido apenas como pretensão de direito material, consistente no bem da vida objeto da ação intentada, no resultado útil efetivamente desejado pelo autor.

Com estes elementos, opto pela conclusão que afirma que pedido é o bem da vida que o autor pretende seja incorporado ao seu patrimônio jurídico (efeito jurídico) ao final da ação intentada perante o Poder Judiciário.

1.2.2. Importância do pedido na ciência processual

Assim, pode-se entender que o pedido consiste no verdadeiro cerne do direito processual como um todo, e não apenas da petição inicial, como coloca Wellington Moreira Pimentel[12], pois somente surgirá um processo judicial se houver um bem da vida que alguém procura conseguir, o que somente será possível por intermédio do Poder Judiciário, isto é, somente haverá ação judicial se existir um pedido formulado, que deve ser (e se não for será caso de inépcia da inicial) a expressão fiel da pretensão deduzida em juízo. E mais do que isso: a ação judicial existirá por causa do pedido e para o seu atendimento.

José Taumaturgo da Rocha afirma que o empenho na análise do pedido[13] se origina na circunstância de ele

[12] PIMENTEL, Wellington Moreira. *Comentários ao Código de Processo Civil.* São Paulo, Ed. Revista dos Tribunais, 1979, v. 3, p. 158.

[13] Fala ele em pedido mediato, pois está lidando com as duas espécies de pedido: mediato e imediato. ROCHA, José Taumaturgo. Procedimento Ordi-

apresentar uma relevância quase absoluta no processo. Giovani Cribari, por sua vez, afirmou, com absoluto acerto, que o pedido assume transcendente posição dentro e no processo, constituindo o seu objeto[14]. De certa forma, Alfredo Buzaid diverge desse entendimento conceitual, posto entender, segundo escola de Carnelutti e Betti, que o objeto principal do processo constitui a lide, onde se exprimem as aspirações em conflito de ambos os litigantes[15], o que não significa retirar do pedido a relevância ínsita e natural.

Apesar de sua importância, o pedido tem sido matéria tratada de maneira insuficiente pelos doutrinadores, que não lhe têm dado a atenção devida, praticamente inexistindo obras que examinem seus amplos aspectos com o destaque que seria necessário, reservando-lhes apenas alguns rápidos comentários em obras mais amplas[16].

Afirmo, sem medo de errar, que também na atuação jurisdicional isso tem ocorrido. Os juízes, a pretexto de não prejudicar as partes, por erros de forma praticados pelos respectivos advogados, têm procurado salvar os processos, o que é elogiável. Entretanto, dentro do mesmo espírito, seria muito recomendável um cuidado maior no exame do pedido por parte do juiz, desde o primeiro despacho proferido nos autos. A determinação de emenda da inicial para sanar defeitos e irregularidades (art. 284 do Código de Processo Civil) apresenta-se

---

nário, Alguns Aspectos da demanda, da resposta, do saneamento. in Revista de Processo. São Paulo, Ed. Revista dos Tribunais, 22 :174.

14 CRIBARI, Giovani. *Ação, Processo e Procedimento em Relação à Separação e Ao Divórcio, Da Partilha e do Registro. in Revista de Processo.* São Paulo, Ed. Revista dos Tribunais, *16* :184.

15 Item nº 6 da Exposição de Motivos do Código de Processo Civil.

16 A obra mais ampla sobre o instituto do pedido no direito brasileiro moderno é o já citado *Do Pedido no Processo Civil*, de Milton Paulo de Carvalho, que também apresenta exame insuficiente em relação a alguns temas, posto que sua intenção inicial não era a de examinar o pedido em todos os seus aspectos, mas principalmente quanto ao da sua inalterabilidade.

menos prejudicial à parte naquele momento em que o réu ainda não foi chamado ao feito, do que uma impossibilidade futura de satisfação do autor em virtude de um pedido formulado de forma incompleta ou errada[17]. O prosseguimento da ação com a manutenção desse pedido imperfeito pode conseguir a façanha de não satisfazer nenhuma das partes: o réu, por ter perdido a causa, e o autor, apesar de tê-la vencido, porque o resultado obtido, pelos defeitos existentes no pedido, não era o desejado quando do ingresso da ação.

1.2.3. Características do pedido

O pedido apresenta algumas características que lhe são natas, destacando-se, entre elas, a exigência de certeza e determinação, a sua inalterabilidade e a de dever a sua interpretação ser feita de forma restrita, os quais serão estudados nos subtópicos a seguir.

1.2.3.1. Certeza e determinação

Inicialmente, destaca-se a característica de o pedido ter que ser certo e determinado, não se admitindo pedido incerto e indeterminado, tal como seria aquele em que a parte apenas "exponha os fatos e fundamentos jurídicos de sua pretensão e deixe ao juiz a tarefa de determinar ou extrair deles o pedido que não fora formulado"[18]. Também não é de ser admitido o pedido que seja somente certo ou determinado, pois essas duas características têm que se apresentar em conjunto, e não apenas alternativamente. São características que não se excluem, mas que se somam.

[17] Encontra-se em RJTJRGS 150/461 um julgado onde não foi indeferida uma petição inicial que era inepta, vindo a ocorrer, posteriormente, julgamento de improcedência do pedido. Talvez, se tivesse sido indeferida a inicial, a nova ação pudesse dar causa a um julgamento diverso quanto ao mérito.

[18] SILVA, Ovídio A. Baptista da. Ob. cit, p. 174.

"Pedido determinado é o que externa uma pretensão que visa a um bem jurídico perfeitamente caracterizado. Certo é o que deixa claro e fora de dúvida o que se pretende, quer no tocante a sua qualidade, quer no referente a sua extensão e quantidade[19]."

Nossa legislação processual admite, entretanto, pedido relativamente indeterminado, referentemente apenas ao aspecto quantitativo, mas não em relação ao ser do pedido, à sua essência. O quanto devido pode não ser, desde logo, determinado, desde que seja determinável, mesmo que em momento posterior, durante o curso da própria ação, ou em procedimento de liquidação[20]. Essa forma de pedido não foge da exigência legal de que ele seja certo e determinado, já que a determinação apenas é diferida para momento processual posterior ao da apresentação do pedido, não se caracterizando como pedido indeterminado, que justificasse que o julgador considerasse inepta a inicial que o contivesse.

1.2.3.2. Inalterabilidade

Outro aspecto característico do pedido é a sua inalterabilidade, que se constitui na circunstância de o pedido, depois de formulado, não poder ser objeto de alterações derivadas do simples alvedrio do autor, necessitando a ação de estabilidade de seu objeto como garantia aos direitos da parte contrária e como necessidade do Poder Judiciário, para que possa dar regular andamento ao feito, sem ser surpreendido por mudan-

[19] PASSOS, J. J. Calmon de. *Comentários ao Código de Processo Civil.* Rio de Janeiro, Forense, 1983, v. 3, p. 203. Existe evidente erro tipográfico, que, apesar de não recomendado pelas normas técnicas sobre citações, corrigi em prol da clareza da exposição: o texto repete duas vezes a expressão "qualidade", quando evidentemente a intenção do autor somente poderia ser a de a de uma vez se referir a qualidade e outra a quantidade.

[20] Liquidação esta que somente pode ser por arbitramento ou por artigos, pois como é de ser recordado, atualmente somente subsistem essas formas de liquidação, por extinta a por cálculo, pela Lei 8898/94.

ças que poderiam alterar completamente o objeto da prova e os meios necessários à sua realização.

Esse princípio, entretanto, foi temperado com o estabelecimento de algumas exceções, tais como as estabelecidas no *caput* e no parágrafo único do artigo 264 do Código de Processo Civil.

Milton Carvalho afirma que "por alteração permitida pela lei deve entender-se aquela que ou reduz ou modifica ou amplia a pretensão processual, no seu objeto imediato, ou mediato, no tempo procedimental e com a audiência do réu e aprovação do juiz[21]."

Entre as alterações possíveis, encontramos a redução, a ampliação e a modificação. A redução do pedido constitui na sua diminuição quantitativa, ou na sua substituição que abrande a posição do réu; na ampliação do pedido ocorre acréscimo de objeto, ou sua substituição gravosa à posição do autor, e a modificação se caracteriza pela sua substituição, sem a característica de abrandamento ou agravamento da posição do réu[22].

É importante lembrar que existem limitações temporais e condições para a efetivação dessas alterações:

1) é necessário que elas sejam feitas antes do despacho saneador; e

2) é imprescindível o consentimento do réu, quando elas vierem a ser feitas após a sua citação.

1.2.3.3. Interpretação restrita

Por força do que estabelece o art. 293 do Código de Processo Civil, os pedidos são interpretados restritivamente, não se podendo alargar o seu conteúdo por qualquer método exegético[23]. Como o pedido é uma

[21] Ob. cit., p. 134.

[22] Vejam-se os exemplos indicados por Milton Paulo de Carvalho, ob. cit., pp. 134-7.

[23] ASSIS, Araken de. *Cumulação de Ações*. São Paulo, Ed. Revista dos Tribunais, 1989, p. 217.

manifestação de vontade de interesse do autor, que tem o direito de limitar a lide a apenas uma parcela do conflito extraprocessual[24], o julgador tem que se ater a este limite apresentado pelo autor quando da formulação de seu pedido. Não pode ele, quando exara sua decisão, nem no exercício de sua atividade interpretativa, expandir estes limites, sob pena de exarar decisão além, fora ou aquém do que foi devidamente pedido. "Não cabe ao juiz, atrelado à demanda, reescrever aquilo que o autor efetivamente pediu, ou extrair das entrelinhas o que, na verdade, o autor não pediu, embora pudesse tê-lo feito"[25]. Isso não significa, entretanto, que o julgador tenha que efetivar uma diminuição do alcance dos limites do pedido, nos casos de dúvida, como pretende Moacyr Amaral dos Santos[26], mas sim que o julgamento tem que abranger tudo que o autor declara na petição inicial, não podendo, isto sim, ultrapassar esse *quantum* que representa a totalidade do que foi objeto da postulação.

Milton Paulo de Carvalho chama atenção para a circunstância de que a interpretação do pedido não é de interesse apenas do juiz, sendo-o também do réu[27]. Assiste-lhe integral razão quanto a este aspecto, pois o réu também tem que realizar a interpretação do pedido, para formular a resposta que se demonstrar adequada e necessária para a ele se contrapor[28].

Além disto, é direito do réu o de somente ser atingido por decisão judicial que seja estritamente vinculada com o pedido formulado, em respeito aos princí-

---

[24] Tema tratado também no tópico sobre a "Função do Pedido", item 1.3. desse livro.

[25] ASSIS, Araken de. Ob. cit. p. 218.

[26] SANTOS, Moacyr Amaral dos. *Primeiras Linhas de Direito Processual Penal*. São Paulo, Saraiva, 1979, v. 2, p. 137.

[27] CARVALHO, Milton Paulo de. Ob. cit., p. 114.

[28] Coerente com esse entendimento o Código português prevê no art. 193, nº 3 estabelece a possibilidade de o réu pedir que o autor diga se ele, réu, interpretou adequadamente o pedido.

pios da iniciativa das partes (poder de disposição), preponderante no âmbito do processo civil, do contraditório e da ampla defesa[29].

Como exceção à regra que determina a interpretação restrita dos pedidos, indica-se a circunstância, expressa no mesmo art. 293 do Código de Processo Civil, de que se compreende no pedido principal o pedido referente aos juros legais[30], bem como a desnecessidade de pedido expresso em relação à correção monetária, pois a dos débitos judiciais opera-se automaticamente, independentemente de pedido expresso[31]. Acrescente-se que, apesar de não ser objeto de postulação no pedido inicial (e nem poderia ser, pois se trata de matéria que, normalmente, lhe é posterior), deve-se apontar para a possibilidade de constar na sentença, além de suas demais disposições naturais, decisão sobre litigância de má-fé, que poderá decorrer de requerimento formulado pela parte em momento posterior ou, até mesmo, por iniciativa exclusiva do julgador[32]. Por fim, não precisa ser indicada, de maneira expressa, a pretensão de que o réu, se vencido, seja condenado ao pagamento das verbas sucumbenciais, presumindo-se implícita tal postulação, naturalmente decorrente da intenção do autor de se ressarcir das despesas realizadas, recompondo seu patrimônio, pois não se justifica que ele sofra reduções em virtude de ter tido que se socorrer da Justiça, ainda mais quando tinha razão sua postulação[33]. Em determinadas hipóteses restritas, outros pedidos foram considerados implícitos em pedidos de outra natureza e de maior

---

[29] Art. 128 do Código de Processo Civil e art. 5º, inc. LV da Constituição Federal.

[30] Mas não quanto aos juros convencionais.

[31] Lei 6899/81 e na jurisprudência, entre outras decisões, RT 613/165 e JTACivSP 72/93.

[32] Tema outrora polêmico, mas a redação recentemente dada ao art. 18 do CPC pela Lei 8952/94 deve liquidá-la, por ter estabelecido, de forma expressa, a possibilidade de condenação de ofício do litigante de má-fé.

[33] CARVALHO, Milton Paulo de. Ob. cit., p. 101.

amplitude, como, por exemplo, o de alimentos e o de guarda de filhos em ações de separação e o pedido de novo julgamento em ações rescisórias, por terem sido entendidos como decorrência da natureza das coisas ou da lei[34].

1.3. Função do pedido

A sistemática brasileira referente à prestação jurisdicional é no sentido de que os órgãos do Poder Judiciário somente podem efetivá-la mediante provocação do interessado, atendidas as exigências legais. Não pode o Poder Judiciário, por sua própria iniciativa, satisfazer um interesse de alguém, sem que este lhe tenha sido manifestado através da proposição de uma ação, que conterá, em seu bojo, a pretensão de receber certa e determinada prestação jurisdicional[35]. É o princípio de que a jurisdição é inerte, de que não cabe a atuação de ofício dos órgãos jurisdicionais, sendo necessário que o titular de uma pretensão venha a juízo solicitar um provimento que, eliminando a resistência, satisfaça a sua pretensão, suprimindo o estado de insatisfação antes existente[36].

No cerne da ação intentada pelo interessado na prestação jurisdicional, encontramos a figura do pedido, onde o postulante indica ao Poder Judiciário o que pretende receber, o que deseja ver incorporado ao seu patrimônio jurídico, como resultado útil de sua provocação ao órgão jurisdicional. Em contraponto a essa postulação do autor, poderemos encontrar a oposição do réu, que resiste, antes e durante o processo, à satisfação daquele interesse postulado pelo autor, apresentando,

---

[34] RT 502/57; RTJ 82/997 e RT 646/136.

[35] Art. 2º do Código de Processo Civil.

[36] CINTRA, Antônio Carlos Araújo *et alii*. Ob. cit. p. 116.

por sua vez, também algum "pedido" (segundo Liebmann pedido e contestação representam dois pedidos em conflito[37]) ao Poder Judiciário: o de que este não atenda o pretendido pelo autor, ou como definiu Carnelutti, citado por Liebmann, "a lide se constitui no conflito de interesses qualificado pela pretensão de um dos interessados e pela resistência do outro"[38]. Assim, ao final do processo, o juiz atenderá o pedido do autor, dando-lhe ganho de causa, ou o "pedido" do réu, rejeitando o formulado pelo autor[39], não se olvidando os casos de atendimento parcial dos pedidos.

Não se pode ignorar a possibilidade de distinção entre o conflito de interesses existente na vida das pessoas e o da lide que é trazida ao processo, pois a parte pode buscar a solução jurisdicional apenas referente a uma parte daquele, "o conflito de interesses não entra para o processo tal como se manifesta na vida real, mas só indiretamente, na feição e configuração que lhe deu o autor em seu pedido"[40].

Em contrapartida à postulação formulada pela parte ao órgão jurisdicional, apresenta-se a limitação posta aos julgadores de decidir a lide nos estritos limites postos pelas partes (princípio da congruência), de acordo com o aforismo *sententia debet esse conformis libello,* seguido pelos arts. 128 e 459 a 461 de nosso diploma processual civil, sob pena de edição de sentença desrevestida de validade, por configuração de sentença *ultra,* ou *citra petita,* as quais, como se sabe, são totalmente nulas em nosso sistema legal. Esses limites são muito mais estabelecidos pelo autor, no seu pedido[41], do que

[37] LIEBMAN, Enrico Tullio. *Estudos sobre o Processo Civil Brasileiro.* São Paulo, José Bushatski, 1976, pp. 120-1.

[38] Idem, ibidem, pp. 113-8.

[39] Art. 459 do Código de Processo Civil.

[40] LIEBMAN, Enrico Tullio. *O despacho saneador e o julgamento do mérito. in Revista Forense.* Rio de Janeiro, Forense, *104* :216. *In*: CARVALHO, Milton Paulo de. Ob. cit., p. 55.

[41] Existe um reconhecimento generalizado de que o pedido formulado pelo

pelos integrantes do pólo passivo, que já agem vinculados à pretensão formulada pelo autor. "O autor é quem pede, réu somente impede"[42].

Já foi afirmado que a petição inicial é o projeto de sentença que pretende o autor[43]. Talvez mais correto fosse dizer que a petição inicial contém o projeto de sentença que pretende o autor, pois ela contém o pedido. O pedido deve ser a representação fiel do objetivo pretendido pelo autor com aquela provocação jurisdicional, isto é, do que lhe poderá ser concedido pela sentença em caso de total procedência de sua pretensão.

O pedido realiza, assim, o elo de ligação entre a pretensão resistida preexistente, embasadora do direito de ação, e a sua forma de satisfação pela prestação jurisdicional. Desta forma, somente um pedido bem formulado, que aponte a forma ideal de satisfação pretendida, é que possibilitará ao julgador a transformação, com sua decisão, da pretensão resistida em pretensão atendida, fazendo com que o pedido atenda plenamente seu objetivo.

Baseado nestas informações, pode-se concluir dizendo, sem margem de erro, que a função do pedido é estabelecer a correlação entre o direito de ação e a prestação jurisdicional.

1.4. Espécies de pedidos

Os pedidos podem ser classificados, num primeiro momento, entre outras classificações de menor impor-

autor é que determina o conteúdo da decisão do juiz, tanto em qualidade, como em quantidade.

[42] CINTRA, Antônio Carlos de Araújo. Ob. cit., p. 124. Posição esta divergente da de Liebman quando afirmou que o réu também formula algum pedido, que se contrapõe ao do autor.

[43] Sperl, citado pelo mestre uruguaio Couture, na sua obra *Os Mandamentos do Advogado*. Porto Alegre, Fabris, 1979, p. 27.

tância para este trabalho, em pedidos unitários e pedidos cumulados, sendo o seu fator de distinção o número de pedidos existentes em cada ação.

1.4.1. *Pedido unitário*

Estaremos presentes a um pedido unitário, também chamado de pedido fixo[44], quando existir na petição inicial (e nas suas emendas, se for o caso) um único objeto desejado e postulado pelo autor para a sua satisfação, um único bem da vida que poderá vir a integrar o patrimônio jurídico do autor.

1.4.2. *Pedidos cumulados*

Por outro lado, existem casos em que constam da inicial mais de um pedido, pedidos esses que são denominados de pedidos cumulados. Isso ocorre quando for indicado pelo autor que, para a satisfação de sua pretensão, é necessário o recebimento de mais de um direito ou de um bem da vida (cumulação própria), ou apenas um, entre dois ou mais indicados na petição inicial, isto é, quando é estabelecida na inicial mais de uma forma de satisfação aceitável pelo autor (cumulação imprópria), a qual pode ser de escolha do requerido (cúmulo alternativo), ou do julgador (cúmulo eventual ou subsidiário).

Na verdade, nestes dois últimos casos, o termo cumulação é impróprio, apesar de consagrado, pois não se está presente a uma verdadeira cumulação de pedidos, mas a uma possibilidade de opção entre duas ou mais alternativas - o autor não pode ser atendido em relação a todos os pedidos, de forma efetivamente cu-

---

[44] BARBOSA MOREIRA, José Carlos. *O novo processo civil brasileiro.* Rio de Janeiro, Forense, 1982, p. 14.

mulada -, havendo, isto sim, pedidos formulados com alguma espécie de alternatividade, com possibilidade de ser prolatada sentença em mais de um sentido, com conteúdo de natureza diversa, mas igualmente satisfatória do interesse do autor.

Entendo que seria mais adequado classificar-se os pedidos em unitários e múltiplos (que corresponderiam aos pedidos cumulados da classificação antes apresentada), subdividindo-se os múltiplos em cumulados (correspondendo à "cumulação própria"), e não-cumulados (os da "cumulação imprópria"). Assim, o pedido subsidiário ou eventual, que é o que estamos estudando, seria classificado como um pedido múltiplo não-cumulado. Entretanto, por clareza de exposição, continuarei usando nesse trabalho a classificação inicialmente referida, que é conhecida e usual.

1.4.2.1. Cumulação própria

A cumulação é própria, quando são formulados pedidos em número superior a um, sendo somados o primeiro aos demais, com a necessidade de atendimento de todos para satisfação do postulante, ou, como afirmou com felicidade Milton Paulo de Carvalho, há a interligação entre eles da aditiva "e"[45]. Guasp[46] afirma que há a reunião de duas ou mais pretensões que poderiam ter ensejado cada uma delas um processo autônomo. Esta forma de cumulação está disciplinada no art. 292 de nosso Código de Processo Civil, nos seguintes termos: "É permitida a cumulação, num único processo, contra o mesmo réu, de vários pedidos, ainda que entre eles não haja conexão."

A cumulação própria pode ser de duas espécies diferentes: simples e sucessiva.

---

[45] CARVALHO, Milton Paulo de. Ob. cit., p. 105.

[46] GUASP, Jaime. *Derecho Procesal Civil.* Madrid, Instituto de Estudios Políticos, 1968, p. 242.

1.4.2.1.1. Cumulação Simples. Ocorrerá a cumulação simples quando cada um dos pedidos formulados de forma aditiva possa ser atendido de forma isolada. Apesar de formulados dois pedidos, existe a possibilidade jurídica de o julgador deferir apenas um deles, pois cada um deles pode existir de forma autônoma em relação aos demais. Por exemplo, numa ação decorrente de acidente de trânsito, tendo sido pedidos o pagamento do conserto do carro e da despesa de hospital, pode o juiz entender que existiu somente um destes danos, ou que somente um deles é decorrente do acidente, decidindo pela procedência de apenas um deles, o que será viável mesmo com o indeferimento do outro.

1.4.2.1.2. Cumulação sucessiva. Tratar-se-á de cumulação sucessiva quando houver vinculação entre os pedidos, de tal forma que os posteriores somente possam ser deferidos em caso de procedência também do primeiro pedido. Os pedidos posteriores ao primeiro não podem ter existência sem o primeiro. Por exemplo, somente podem ser concedidos os pedidos de alimentos, ou de petição de herança, se deferido o primeiro pedido, que tratava da definição da paternidade, ou da maternidade do autor; ou, em outra hipótese, somente pode haver a condenação ao pagamento de uma determinada multa, se antes for decidida a rescisão do contrato pelo seu descumprimento pelo réu.

1.4.2.2. Cumulação imprópria

Por outro lado, diz-se que a cumulação é imprópria quando o autor formula mais de um pedido, mas já desejando e tendo ciência de que somente um deles poderá ser acolhido pela decisão judicial.

Nessa hipótese, encontram-se tanto os casos em que caberá ao devedor fazer a opção entre o cumprimento de um ou de outro pedido entre os vários (dois ou mais) que tiverem sido formulados pelo autor (cumulação alternativa de pedidos - art. 288 do Código de Processo Civil), quanto os casos em que a opção entre uma ou outra forma de satisfação do autor será feita pelo julgador, quando proferir a sentença (cumulação eventual de pedidos - art. 289 do Código de Processo Civil).

1.4.2.2.1. Cumulação alternativa. Estabelece o art. 288 do Código de Processo Civil que o pedido será alternativo quando, pela natureza da obrigação, o devedor puder cumpri-la de mais de um modo. Esses modos diversos de cumprimento da obrigação ligam-se ao direito material, e não ao direito processual, pois, em relação a este, o modo pedido para a satisfação do autor é sempre o mesmo: a edição de sentença que condene o réu a cumprir a obrigação assumida (em qualquer uma de suas alternativas de direito material).

Podem ser objeto da cumulação alternativa de pedidos tanto as obrigações alternativas (art. 884 do Código Civil), quanto as obrigações facultativas, que são aquelas em que existe uma única forma prevista contratualmente de satisfação do credor, mas, apesar disso, poderá o devedor substituí-la por outra forma que igualmente satisfaça o credor.

As obrigações alternativas somente darão origem à cumulação alternativa de pedidos, quando a escolha for do devedor, pois quando a escolha couber ao autor, este já a formulará na petição inicial (ou, quem sabe, até em momento anterior), nela apresentando um único pedido, - aquele que correspondeu a sua escolha -, inexistindo, então, cumulação de pedidos.

Nos casos de cumulação alternativa de pedidos, devem ser colocadas pelo autor no pedido que formular em sua petição inicial, "as alternativas de solução, asseguradas ao réu"[47], ou "conceber o pedido de modo que fique assegurado ao réu esta faculdade de escolha"[48].

[47] PASSOS, José Joaquim Calmon de. Ob. Cit., p. 219.

[48] SILVA, Ovídio A. Baptista da. Ob. cit., p. 176.

Entretanto, se, apesar da natureza alternativa da obrigação e de o direito de escolha ser do devedor, o autor não formular o pedido de forma alternativa, o juiz, mesmo assim, assegurará o seu direito de escolha, como estabelece o parágrafo único do art. 288 do Código de Processo Civil. Trata-se de hipótese em que o juiz é autorizado, legalmente e de forma excepcional, a aceitar uma petição inicial formulada de forma inadequada, adaptando-a ao direito do réu em relação ao pedido, garantindo-lhe o seu direito, contratual ou legal, a escolher a alternativa, que for de sua preferência. Normalmente, em hipóteses semelhantes de inadequação do pedido à situação de direito material, os únicos caminhos permitidos ao juiz são os de dar pela inépcia da petição inicial (art. 282, inc. II do Código de Processo Civil), ou determinar a sua emenda (art. 284 do Código de Processo Civil), mas, na hipótese, foi dado ao juiz a possibilidade de corrigir, de plano e de forma mais eficaz, a incorreção do pedido e dar regular prosseguimento ao feito.

1.4.2.2.2. Cumulação eventual. Essa espécie de cumulação ocorre quando o autor formula dois ou mais pedidos em seqüência, sem pretender, entretanto, que sejam todos atendidos, mas sim para que o juiz possa deferir algum dos que sucederem ao primeiro, se entender que não possa acolhê-lo, ou, como afirma Teitelbaum, com propriedade: *"el segundo propuesto subsidiariamente será considerado, uma vez rechazado el petitorio principal"*[49]. O autor fornece ao julgador, e a si próprio, mais de uma forma de solução da sua situação não resolvida, mais de uma forma de satisfação de sua pretensão, mas, de tal forma, que somente uma delas é que poderá ser deferida pela decisão judicial. A tutela de

[49] TEITELBAUM, Jaime W. *El Proceso Acumulativo Civil.* Montevideo, Ediciones Juridicas Amalio M. Fernandes, 1973, p. 117.

um pedido exclui e impossibilita a do outro[50], como uma conseqüência natural, obrigatória e inafastável.

Esta espécie de cumulação recebe a denominação de cumulação eventual em consideração à circunstância de que existem pedidos que somente serão examinados na eventualidade de não ser atendido o primeiro deles, enquanto a adoção do nome também utilizado de cumulação subsidiária, face a ser denominado de subsidiário o pedido que somente será conhecido no caso de desacolhimento do primeiro pedido[51].

Estabelece o art. 289 do Código de Processo Civil que "é lícito formular mais de um pedido em ordem sucessiva, a fim de que o juiz conheça do posterior em não podendo acolher o anterior". Assim, nesta cumulação existe a possibilidade de opção pelo julgador entre mais de uma maneira de satisfação do autor, mais de um bem da vida que poderá lhe ser concedido como resultado útil da ação judicial intentada, de acordo com a que tiver melhor embasamento técnico-jurídico ou que melhor corresponda a uma solução justa, de acordo com seu exclusivo convencimento. Destaque-se que essa opção do julgador não é totalmente livre, pois não poderá ele, desde o início, escolher um dos pedidos, deixando de examinar os demais, mas está ele vinculado e condicionado à ordem em que os pedidos são apresentados pelo autor, impondo-se que examine e decida em primeiro lugar o primeiro dos pedidos formulados, somente passando para o exame dos seguintes, se não o acolher. É o autor, e exclusivamente ele, que estabelece a ordem em que os pedidos deverão ser examinados pelo juiz. Tanto assim é, que o juiz somente examinará o

[50] Nítida aplicação do princípio da eventualidade no pólo ativo da relação processual.

[51] Utilizam-se, também, mas com menos intensidade, os nomes de cumulação subordinada, condicional, cumulação alternativa - aí a outra cumulação imprópria é tratada apenas pelo nome de pedido alternativo -, cumulação alternativa eventual ou cumulação imprópria. Ver a respeito ASSIS, Araken de, ob. cit., pp. 223-4 e CARVALHO, Milton Paulo de, ob. cit., p. 109.

segundo pedido (pedido subsidiário), na eventualidade de não ser acolhido o primeiro (principal), pois se acolhê-lo, o segundo pedido estará automaticamente prejudicado, não podendo a decisão jurisdicional sobre ele se manifestar.

Consideraremos, como regra, a partir de agora, para facilitar a explanação, a existência de apenas um pedido subsidiário e um pedido principal. Observo que, legalmente, não existe nenhuma vedação à existência de um maior número de pedidos subsidiários, parecendo apenas que faticamente é que pode se demonstrar difícil a configuração de situações que admitam mais do que duas formas de satisfação do interesse do autor, com a existência, então, de mais do que um pedido subsidiário.

É muito comum ocorrerem indevidas confusões[52], especialmente na jurisprudência[53], entre as hipóteses de cumulação eventual e as outras espécies de cumulação, por não ser dada a devida atenção às diferenças conceituais entre cada uma delas. Nas cumulações de caráter impróprio, os pedidos não se acrescentam uns aos outros, mas são opções que se substituem uma pela outra, operando a exclusão da substituída, o que não ocorre nas cumulações próprias. Por outro lado, na cumulação alternativa, a opção é de uma das partes e na eventual ela é do julgador, desde que respeitando a ordem de decisão apresentada pelo postulante.

Também deve-se ter cuidado no sentido de que somente caracteriza essa espécie de cumulação a existência de mais de um pedido formulado em ordem sucessiva, para que o juiz acolha apenas um deles. Não se trata de exemplar desta natureza, quando existir

---

[52] Como chama atenção MONIZ DE ARAGÃO, E. D. *Comentários ao Código de Processo Civil*. Rio de Janeiro, Forense, v. 2, p. 346.

[53] Sentença de 1º grau reformada pelo acórdão 194087359 da 9ª Câmara Cível do Tribunal de Alçada do Rio Grande do Sul; Sentença de 1º grau, reformada parcialmente pelo acórdão 189066954 da 6ª Câmara Cível do Tribunal de Alçada do Rio Grande do Sul.

pluralidade de causas de pedir embasando o mesmo pedido, pois aí o que teremos será um pedido único com mais de uma causa de pedir, que caracteriza cúmulo causal, que não é objeto de estudo neste trabalho.

Capítulo 2

Aspectos específicos da Cumulação Eventual de Pedidos

2.1. Princípios justificadores de sua existência

A cumulação eventual de pedidos, como todas as outras formas de cumulação, tem a sua existência justificada em virtude de alguns princípios de direito processual, que, além disto, apontam para a conveniência da expansão de sua utilização, tanto em prol daqueles que formulam suas pretensões em juízo, quanto de seus advogados, quanto do Poder Judiciário e do Estado como um todo.

2.1.1. Princípio da economia

Segundo esse princípio, as partes e o órgão jurisdicional realizam, de uma só vez, os atos que servem para a composição de mais de um litígio[54]. Observa-se com mais clareza esta vantagem quando se tratar de cumulação em que se possa atender, ao mesmo tempo, mais de um pedido formulado pelo autor, isto é, nas cumulações próprias.

Mas, também em relação à cumulação eventual, é possível configurar-se esta forma de economia, pois, se o autor não acumulasse de forma eventual os vários pedi-

[54] TEITELBAUM, Jaime W. Ob. cit., pp. 54-8.

dos, teria que se pensar na possibilidade de que ele viesse a ingressar com ações consecutivas, cada uma delas com um dos pedidos sucessivos, que poderiam ter sido apresentados na ação cumulada, acarretando desnecessário aumento de atividade do Poder Judiciário, com maior demora em solucionar a demanda, satisfazendo ou não o interesse desejado pelo autor.

Como bem coloca Teitelbaum[55], todo conflito de interesses deve resolver-se com o mínimo de energia, nos aspectos de tempo, gastos pecuniários[56] e esforço humano e contemplar as garantias necessárias impostas pelas formas processuais.

Pontes de Miranda[57] chama a atenção de que, se não fosse o princípio da economia, se teria que esperar que uma sentença, a da ação prima (a que contivesse o pedido principal), transitasse em julgado, para depois se propor a ação secunda (a do pedido subsidiário). A cumulação eventual permite, assim, a antecipação do exercício da tutela em relação ao pedido subsidiário, de tal forma que parece não existir, no momento de se intentar a demanda, a ação secunda, que somente se mostrará presente a partir do momento em que o julgado rejeitar o pedido contido na ação prima.

O princípio da economia visa, dessa forma, a compatibilizar o atendimento regular dos atos processuais normais com a necessidade de que isso seja feito no menor tempo, com as menores despesas e o menor desgaste humano possíveis. Dentro desse espírito é que se pode dizer que a utilização do instituto da cumulação eventual se coaduna com o princípio da economia, pois permite solução mais rápida, menos onerosa e com

---

[55] Idem, ibidem, p. 54.

[56] A respeito da grave questão dos gastos pecuniários, como causa de dificuldade do acesso à justiça, veja-se CAPELETTI, Mauro *et alii*, no clássico *Acesso À Justiça*, Porto Alegre, Fabris, 1988. pp. 15-8.

[57] PONTES DE MIRANDA, Francisco Cavalcanti. *Comentários ao Código de Processo Civil* (1939). Rio de Janeiro, Forense, 1958, v. 3, t. I, p. 9.

menos esforço, do que se tivesse a parte que ingressar com duas ou mais ações, sucessivas, até chegar a um resultado satisfatório em relação a uma das suas pretensões.

2.1.2. *Princípio da pacificação social*

A possibilidade legal de concentração de todos os litígios (assim considerado cada um dos pedidos possíveis de serem formulados em ações diversas), num só procedimento judicial, objetiva, também, evitar a diversificação de processos, com suas conseqüentes e naturais tensões e ressentimentos, o que se manteria por maior espaço de tempo, se houvesse a necessidade de ações distintas em relação a cada um dos pedidos[58]. Com a cumulação de pedidos num só processo (em todos os casos de cumulação própria ou imprópria), a pacificação social, com o reequilíbrio nas relações entre as pessoas desavindas em virtude da pretensão resistida que existia, pode se efetivar em período de tempo mais curto, sem a necessidade de ingresso de novas ações, em virtude de a primeira não ter acabado com o campo do conflito, deixando ainda intocado algum possível objeto de litígio. A vantagem da cumulação, em relação a esse princípio, é que mais rápido estará definida a situação jurídica envolvendo as partes, e, em espaço menor de tempo, poderá ser conseguida a pacificação social, pela não mais existência de processos entre aquelas partes, por resolvidos todos os que existiam.

2.1.3. *Princípio da integridade da ordem jurídica*

A interpretação diversa do mesmo fato ou fatos que embasam vários pedidos distintos, postulados em ações

[58] TEITELBAUM, Jaime W. Ob. cit., pp. 58-60.

sucessivas, ou que tramitem, ao mesmo tempo, em diferentes juízos, causa uma desintegração da ordem jurídica, pois contribui para criar um estado de total insegurança e de desprestígio dos cidadãos em relação ao Poder Judiciário como um todo, pois não se terá como explicar como é que em um processo o mesmo fato foi interpretado de uma maneira e em outro fato de maneira totalmente distinta[59].

Recorde-se que é da natureza do nosso sistema (art. 131 do Código de Processo Civil), cada julgador decidir de acordo com o seu próprio convencimento as questões jurídicas e de fato que lhe são propostas, não estando obrigado a nenhuma valorização de provas preestabelecida e condicionadora de sua decisão, bastando apenas que o juiz indique, de forma clara, na decisão, os motivos do seu convencimento (sistema da persuasão racional)[60].

Assim, a diversidade de intepretações é plenamente possível de ocorrer concretamente, podendo-se, em relação aos pedidos passíveis de serem cumulados, evitar essas divergências, pela efetivação da cumulação, porque, decididos os pedidos cumulados pelo mesmo julgador na mesma oportunidade, estará sendo afastada esta fonte de desintegração da ordem jurídica; pois, nesta hipótese, ocorrerá, necessariamente, uma única interpretação de cada um dos fatos embasadores dos pedidos, com uma maior integridade da ordem jurídica, evitando-se a existência de sentenças contraditórias entre si, mesmo originadas dos mesmos fatos jurídicos.

---

[59] Este tem sido um dos argumentos de alguns que advogam a efetivação de alteração legislativa para dar força vinculativa obrigatória às decisões dos Tribunais Superiores, quando do julgamento de posteriores ações, de natureza similar à já anteriormente julgada.

[60] "A livre apreciação da prova, desde que a decisão seja fundamentada, considerada a lei e os elementos existentes nos autos, é um dos cânones do nosso sistema processual." (STJ - 4a. Turma, REsp. 7.870-SP, rel. Min. Sávio de Figueiredo, j. 3.12.91, deram provimento parcial, v.u., DJU 3.2.92, p. 469, 1a. col., em. In: NEGRÃO, Theotonio. *Código de Processo Civil e legislação processual em vigor*. São Paulo, Malheiros, 1993, nota 131.1a, p. 144.

2.1.4. Princípio da efetividade do processo

Tem sido muito enfatizada, ultimamente, a necessidade da efetividade do processo, que deve ocorrer tanto em relação à real utilidade de cada um dos seus atos, como em relação ao seu resultado final. Não é mais aceitável que as sentenças prolatadas, após longa tramitação do processo, não resolvam em sua totalidade a lide proposta. Não atenderá à exigência de efetividade a sentença que deixar pendente de solução uma parcela da questão, resolvendo-a apenas parcialmente.

Nesse sentido, o instituto da cumulação eventual de pedidos é instrumento que contribui para a efetivação do processo, porque leva o julgador a decidir, numa mesma oportunidade, todas as pretensões que o autor tiver contra o réu, evitando a proliferação de novas ações que viessem a pleitear os pedidos passíveis de formulação subsidiária nesta mesma ação, sendo alcançado o resultado pleiteado de forma mais rápida e de forma nitidamente mais efetiva.

2.2. Vantagens efetivas para a parte que se utiliza do instituto

Além das vantagens elencadas nos princípios do instituto, de caráter geral em relação ao processo como um todo, ao Poder Judiciário e a toda a comunidade, existem, ainda, vantagens exclusivas para a parte responsável pela formulação do pedido eventual ou subsidiário, que, talvez, mais ainda do que aqueles, justifiquem a ampliação da utilização do instituto pelos advogados, em prol dos interesses dos seus clientes, que é o objetivo principal que deve ser visado por esses profissionais do direito, por força da obrigação que eles têm de ser parciais.

2.2.1. *Aumento da área de abrangência do pedido*

A utilização do instituto da cumulação eventual de pedidos aumenta a área de abrangência do pedido, isto é, faz com que o pedido seja mais amplo, com mais possibilidade de atendimento do interesse do autor, em virtude de ser dado ao julgador maior número e maior variação de formas jurídicas de satisfação da pretensão do autor. Assim, por exemplo, formulado pelo autor um pedido único específico em relação ao bem "a", talvez tivesse ele 40% de ter ganho de causa em relação ao referido bem, enquanto que cumulado o pedido em relação ao bem "a", com um pedido subsidiário em relação ao bem "b", quem sabe esta chance se eleve para 70% (os 40% em relação ao primeiro bem e mais 30% em relação ao segundo pedido).

Não se está afirmando, entretanto, que a ampliação de pedidos aumentará sempre a possibilidade de ganho da causa por parte do autor, pois isto depende muito da natureza da causa e especificamente do direito que o autor tenha em relação a cada um dos pedidos formulados. Se ele não tiver nenhum direito em relação aos pedidos principal e subsidiário, é óbvio que não haverá nenhum aumento de chance de ganho por parte do autor. Mas, em algumas outras hipóteses, não tão desfavoráveis ao autor, é evidente que a formulação de pedido subsidiário aumenta a sua chance de vitória, o que deverá ser devidamente analisado, caso a caso, pelo advogado no momento de formular o pedido, ou pedidos da ação que será intentada.

2.2.2. *Diminuição de risco em relação a pretensões audaciosas*

Algumas vezes, podem os advogados vislumbrar que algum interesse de seu cliente poderá ser satisfeito de certa maneira jurídica, mas esta satisfação depende de que seja prolatada uma sentença em sentido pouco ou ainda não enfrentado por outras decisões jurisdicionais, ou em que elas sejam em sentidos contraditórios, isto, não havendo, em outras palavras, jurisprudência formada a respeito do assunto. Estarão eles presente à possibilidade de apresentarem ao Poder Judiciário um "pedido audacioso", um pedido com uma margem de risco maior que a normal, pois estarão sendo desbravadas sendas jurídicas ainda desconhecidas e de resultados imprevisíveis.

Pode ocorrer que o "pedido audacioso" seja a única forma possível de satisfação do interesse do cliente, tendo o advogado, então, que optar em formular este pedido, mesmo com os seus altos riscos (a improcedência do pedido e a conseqüente condenação nas verbas sucumbenciais), ou desistir da idéia de ingressar com a ação, não submetendo seu cliente a um risco deste nível.

Mas, se além da possibilidade de ser formulado esse pedido de caráter audacioso, for possível, pelas características específicas de fato e de direito do caso concreto, a apresentação de um outro pedido, menos audacioso do que aquele (que chamarei de "pedido conservador"), face à preexistência de jurisprudência já consolidada, passarão o advogado e seu cliente a contar com possibilidades extras de opção quanto à formulação do pedido. Poderão eles optar pela apresentação somente do "pedido audacioso", somente do "pedido conservador" ou, cumular ambos de forma eventual, diminuindo os riscos em relação à apresentação isolada do "pedido audacioso"[61]. Nesta última hipótese, passará o postulante a contar com a possibilidade de ganho da causa também em relação ao "pedido conservador", no caso de cumula-

[61] Não é da essência do pedido sucessivo ou eventual que um dos pedidos seja audacioso e outro conservador, pois ambos podem ser audaciosos ou conservadores.

ção eventual, ou apenas com a sua possibilidade maior de ganho, no caso de ser pedido apenas este.

A utilização do pedido cumulado eventual se justifica apenas quando um dos pedidos der maior grau de satisfação ao postulante do que o outro (por qualquer aspecto particular do interesse do cliente, por mais incomum que seja), mesmo que tenham eles equivalência jurídica ou econômica, pois, se isso não ocorrer, a formulação do pedido cumulado desta maneira resultará em maior risco, sem nenhum proveito ao requerente. Bastará, então, a formulação de um único pedido, que deverá ser o menos arriscado.

Deve o advogado observar, além destas vantagens, quando for decidir sobre a formulação de pedido cumulado subsidiário ou eventual, os aspectos referentes aos entendimentos existentes quanto à sucumbência e a conveniência quanto à ordem de formulação de cada um dos pedidos[62].

2.2.3. *Não perecimento do direito por prescrição ou decadência*

O instituto da cumulação eventual de pedidos "presta-se a evitar o perecimento do direito, por prescrição ou por decadência, quando o autor, propondo certa ação e formulando pedido único, corra o risco de, não sendo aquele deferido, ver sucumbir, pelo decurso do tempo, seu direito"[63]. Esta qualidade da cumulação eventual é apontada por Jacinto Rodrigues Bastos como a sua maior vantagem[64].

---

[62] Ver itens 2.6. e 2.16. desse livro.

[63] PIMENTEL, Wellington Moreira. Ob. cit., pp. 187-8.

[64] BASTOS, Jacinto Rodrigues. *Notas ao Código de Processo Civil.* Lisboa, 1971, v. 3, p. 14. *In:* PIMENTEL, Wellington Moreira. Ob. cit., p. 188.

2.3. O instituto como instrumento para a atualização e renovação do Direito

Além da natural via legislativa, o direito pode se atualizar e renovar, por intermédio da jurisprudência, que é considerada como uma das fontes do direito por alguns[65] e negada por outros[66], que dizem que a jurisprudência não pode se afastar das demais fontes do direito, ou que apenas dão expressão às normas jurídicas até então não declaradas por qualquer das outras fontes.

Mas, em qualquer uma dessas visões do real papel da jurisprudência, certo é que ela, efetivamente, se demonstra como instrumento de atualização e renovação do direito, podendo-se até afirmar que deveria sê-lo ainda em dimensão maior do que é, face ao anacronismo e conservadorismo de muitas de nossas leis (algumas editadas há mais de meio século), que estão em total desacordo com os tempos atuais e as mudanças operadas nas relações humanas, coletivas, nacionais e internacionais.

As atualizações e renovações do direito por intermédio da jurisprudência podem resultar tanto de julgamento de questões tradicionais com novos critérios e valores, resultando em decisões diferentes do sentido antes prevalente, ou do julgamento de causas ou pedidos inovadores que, em virtude disso, também poderão originar julgamentos que atualizem e renovem o direito. No referente a esta segunda forma, não têm os juízes como realizar essas atualizações e renovações, se não houver o ingresso de ações judiciais com esses pedidos inovadores, pois o Poder Judiciário não tem essa iniciativa, dependendo, em caráter absoluto, de provocações

[65] Entre outros TESHEINER, José Maria Rosa. *Elementos para uma Teoria Geral do Processo*. São Paulo, Saraiva, 1993, pp. 24-6.

[66] CINTRA, Antônio Carlos Araújo *et alii*. Ob. cit., p. 82.

audazes e capazes de lhes oportunizar o exercício desse seu relevante papel de renovador do direito.

Nesse aspecto, a cumulação eventual de pedidos pode servir como instrumento para a atualização e renovação do direito, pois, como já referido, essa espécie de cumulação permite, com menor risco, a formulação de pedidos audaciosos, de pedidos que poderão obrigar o Poder Judiciário a exercer a sua capacidade criativa, de produzir decisões inovadoras, de fomentar a renovação e atualização do direito e de se constituir efetivamente em fonte de direito.

Assim, além das vantagens práticas para seu cliente, o advogado, que formula um pedido audacioso, está contribuindo também para a renovação e atualização do direito, ao forçar o Poder Judiciário a decidir este seu pedido audacioso, com grandes possibilidades de que esta decisão também venha a se revestir do mesmo grau de audácia possuído pelo pedido.

2.4. Requisitos de admissibilidade

Para que seja possível a admissão da cumulação eventual de pedidos, é necessário tanto observar a incidência das normas do art. 292 do Código de Processo Civil, quanto as circunstâncias fáticas do caso concreto admitem mais de uma forma de satisfação do credor, pois somente nesta última hipótese é que se pode pensar em cumulação eventual de pedidos.

Quanto aos requisitos do art. 292, especialmente do seu parágrafo 1º, não incidem eles da mesma forma que nas demais espécies de cumulação, pois sua redação diz mais respeito às formas de cumulação em que o autor deseja ser atendido em mais de um pedido (cumulação própria ou multiplicidade cumulada de pedidos), o que não é o caso da espécie estudada.

A maior novidade em relação à espécie é em relação ao inciso I, pela não-exigência de uma compatibilidade meramente lógica de não-oposição entre os pedidos, mas sim de uma compatibilidade exclusivamente jurídica. Aqui poderá se considerar compatível, juridicamente, o que a lógica comum nos apresentaria como ilógico Como bem observa Calmon de Passos, compatível é o que pode coexistir, o que é conciliável com outro ou outros, exigindo-se na espécie a compatibilidade jurídica,[67] e não a compatibilidade lógica, razão pela qual, tratando-se de cumulação alternativa por subsidiariedade, os pedidos podem ser opostos[68]. Esta possibilidade exsurge da própria natureza do pedido eventual em que não são pedidas duas coisas, dois bens da vida, mas um ou outro, não se justificando, assim, a exigência de compatibilidade entre duas coisas que, automaticamente, se excluem[69], pois, atendido o primeiro pedido, fica repudiado o segundo, que somente poderá ser acolhido se o repúdio ocorrer em relação ao primeiro.

É possível, assim, por exemplo, fazer um pedido principal de anulação de um contrato, por qualquer espécie de vício, cumulado com um pedido subsidiário de resolução do contrato, pelo descumprimento pela parte contrária. A aparente incompatibilidade entre os dois pedidos resolve-se no sentido de que cada um dos pedidos somente poderá ser julgado procedente com o repúdio do outro[70]. Assim, somente caberá a rescisão se o contrato não for anulado e, cabendo a anulação, não haverá decisão sobre o descumprimento do contrato

[67] REsp 33.135-7, 3ª Turma do Superior Tribunal de Justiça, DJ 24/05/93.

[68] PASSOS, José Joaquim Calmon de. Ob. cit. p. 236.

[69] Foi admitida, por exemplo, cumulação (eventual) de ação anulatória de casamento com ação de separação pelos Tribunais de Justiça do Rio Grande do Sul (Ap. Cível 590064358) e do Distrito Federal (Ap. Cível 22.639, DJU 05/12/90).

[70] Por decisão expressa do Poder Judiciário, recusando o primeiro pedido, ou pelo efeito de ser considerado, automaticamente, prejudicado o segundo, pelo acolhimento do primeiro.

pelo réu. Calmon de Passos afirma, referindo-se a exemplo que apresentou, que "aparentemente são incompatíveis, mas juridicamente esta incompatibilidade cessa, visto como o segundo pedido só na eventualidade da improcedência do primeiro será objeto da decisão"[71].

Dessa forma, o critério do inciso I do parágrafo 1º do art. 292 do Código de Processo Civil exige, quando se tratar de cumulação eventual, uma leitura menos literal e "lógica", com mais ênfase no aspecto da juridicidade da compatibilidade, que tem que observar a natureza e as características próprias da subsidiariedade de um pedido em relação ao outro e da necessária exclusão de um deles em relação ao resultado final do feito[72].

Em relação ao requisito do inciso II, deixo de me manifestar neste momento, remetendo o assunto ao tópico posterior desse trabalho, que versará sobre competência[73], quando esse tema merecerá maiores estudos, visto que, naquela oportunidade, serão examinados todos os aspectos sobre competência referentes à cumulação eventual.

A exigência de similitude de procedimentos, prevista no inciso III, para que seja possível a cumulação, aplica-se a essa espécie de cumulação da mesma maneira que em relação às demais, isto é, o procedimento adotável tem que ser o mesmo: será possível a cumulação se apesar de corresponder forma diversa de procedimento para cada tipo de pedido, tiver o autor empregado, para todos eles, o procedimento comum.

Obviamente, a questão da inacumulação de pedidos que exijam procedimentos diversos não é tão simples como parece apresentar a fórmula acima. Existem avalizadas vozes[74] que propagam a possibilidade de cumulações inclusive entre pedidos de procedimentos

---

[71] PASSOS, José Joaquim Calmon de. Ob. cit., p. 236.

[72] Ver a respeito também as lições de Araken de ASSIS, ob. cit. pp. 228-9.

[73] Item 2.8. deste livro.

[74] Como, por exemplo, LACERDA, Galeno. *Comentários ao Código de Processo Civil.* Rio de Janeiro, Forense, v. 8, t. 1, 1984, pp. 415-9.

diversos[75], para que o processo cumpra sua finalidade de instrumento da justiça, sempre com a ressalva de que não venha esta cumulação a causar tumulto processual, ou que haja risco de isso acontecer, ou a causar prejuízo para o requerido, pela manutenção da eventual liminar por mais tempo do que seria necessário, se os feitos corressem de forma não cumulada. Não se olvide, entretanto, que esse entendimento não prevaleceu como majoritário em todo o País, situando-se mais a sua aceitação no Estado do Rio Grande do Sul[76].

Pode-se indicar, exemplificativamente, acórdão do Tribunal de Justiça do Paraná que não aceitou a cumulação própria entre pedido de busca e apreensão e pedido de rescisão de contrato de compra e venda[77], com base em doutrina de Calmon de Passos, manifestamente contrária à cumulação de pedidos que exijam procedimentos diversos[78].

Em suma, referentemente à cumulação eventual, não existem divergências quanto ao requisito da adequação procedimental em relação ao entendimento vigente para todas as demais espécies de cumulação.

Por fim, cabe destacar que divirjo de Araken de Assis quanto à possibilidade de haver recusabilidade da cumulação, quando ela prejudicar o exercício da defesa pelo réu, por ser transformado o prazo de resposta em prazo excessivamente exíguo, face à complexidade e multiplicidade de pedidos formulados pelo autor ("combinação esperta de ações hipotéticas em número tão exagerado"), considerando ele que ocorre, na espécie, lesão ao princípio da igualdade entre as partes, previsto pelo art. 125, inc. I, do Código de Processo Civil[79].

---

[75] Nos casos citados pelo grande processualista gaúcho, a cumulação é entre pedidos de procedimento ordinário e pedidos de procedimento cautelar.

[76] Mais aceitação, mas não ao ponto de caracterizá-la como questão pacífica.

[77] Apelação Cível nº 13.690-9 da 2ª Câmara Cível.

[78] "(Comentários, Ed. Rev. Tribs., 1984, X/172-73)".

[79] ASSIS, Araken de. Ob. cit., p. 238.

Fala ele nessa recusabilidade quando se referir à cumulação simples, não explicando por que se aplicaria apenas a esta forma de cumulação, visto que a esperteza na combinação poderia ocorrer, até com riscos menores em relação aos encargos sucumbenciais[80], em outras combinações, como na eventual.

Entendo que o acatamento desse entendimento sobre a recusabilidade de cumulação de pedidos não coloca as partes em condição de igualdade, visto que colocaria, isto sim, o réu em condição privilegiada, quando o pedido for cumulado em relação aos casos em que fossem apresentados pedidos em ações separadas, pois, se fossem intentadas ações diversas e as citações ocorressem no mesmo dia, nem se pensaria em que pudesse ele recusar alguma delas por não poder se defender adequadamente no prazo legal.

Por outro lado, o fenômeno da recusabilidade atenta contra todos os princípios justificadores da cumulação de pedidos[81], pois o autor, com muita probabilidade, ver-se-ia na contingência de intentar ações em separado relativas a cada um dos pedidos, quer ao mesmo tempo, quer uma depois da outra. Em virtude da evidente utilidade do instituto da cumulação de pedidos, deve-se entender, obrigatoriamente, que as normas do art. 292 do Código de Processo Civil que impedem a cumulação são de interpretação restrita, não se podendo ampliá-las, ou criar novas condições além das expressamente previstas na lei[82].

Mas, mais sério do que tudo, deve ser observado que, caso o Poder Judiciário acatasse a recusabilidade de algum dos pedidos, isso resultaria no fenômeno da certeza de insatisfação do autor, já no momento inicial

---

[80] Ver item 2.16. deste livro.

[81] Ver item 2.1. deste livro.

[82] O Código de Processo Civil de 1939 previa, em seu art. 116, que o juiz desmembrasse ações cumuladas, o que não foi seguido pelo similar de 1973 (ASSIS, Araken de. Ob. cit., p. 245).

do feito, independentemente do julgamento do mérito da causa, pois já saberia o autor, desde aquele momento inicial, que, com certeza, seu interesse não seria satisfeito na sua integralidade, porque seu pedido já teria sofrido significativa amputação desde aquele momento inicial do processo. Caracterizar-se-ia como uma iniqüidade obrigar o autor a acompanhar uma longa tramitação de um processo, no qual já sabe, de antemão, que não terá seu interesse integralmente atendido.

Parece-me mais adequado, em vez de se postular simplesmente pela recusa de algum dos pedidos cumulados, que se procurasse, então, se necessário para preservar a igualdade entre as partes, pleitear por alguma forma de prorrogação do prazo de resposta (via algum exercício de interpretação das normas processuais ou por intermédio de sua reforma legislativa) para que o réu, com mais tempo, pudesse não ser prejudicado em relação ao necessário equilíbrio que deve existir entre as partes.

2.5. Unicidade ou multiplicidade de causas dos pedidos

Indagação que se demonstra interessante é a de saber se todos os pedidos formulados de forma eventual podem ter a mesma causa de pedir e se isto é necessário. Lembre-se que o pedido tem que estar necessariamente ligado a alguma causa de pedir, também necessariamente indicada na petição inicial, pois, inexistindo a causa de pedir, deverá ela ser indeferida, a teor do que determina o inc. I do parágrafo único do art. 295 do Código de Processo Civil e de acordo com doutrina de Walter J. Habscheid que apregoa que uma demanda despojada de causa se mostra uma demanda incompleta e, como tal, deve ser rejeitada liminarmente[83].

[83] HABSCHEID, Walter J. *Lóggetto del processo nel diritto processuale civile tedesco.* RDPi 35, Pádua, Cedam, 1980. *In* ASSIS, Araken de. Ob. Cit., p. 197.

Ambos os pedidos formulados de forma cumulada podem ter a mesma causa de pedir, como podem, por outro lado, ter causas de pedir de naturezas diversas. Rememore-se o exemplo antes citado da cumulação entre um pedido de anulação do contrato, por alguma espécie de vício, e um pedido de resolução do contrato, por descumprimento da parte requerida, onde cada um dos pedidos tem uma causa de pedir; no primeiro, a existência de algum vício na formação do contrato e, no segundo, o descumprimento contratual. Araken de Assis é, inclusive, peremptório ao afirmar, com base no entendimento de vários outros juristas, que a formulação de mais de um pedido acarreta a cumulação de ações materiais, tenham, ou não, idêntica *causa petendi*[84].

Na verdade, ocorre que tanto um único pedido pode ter uma causa de pedir (um pedido de separação, por adultério), ou mais de uma (um pedido de separação, quer por adultério, quer por outra conduta desonrosa), quanto mais de um pedido pode ter uma única causa de pedir (a mulher pede, cautelarmente, face ao abandono do lar pelo marido ou companheiro, a guarda dos filhos e o arrolamento dos bens em poder do marido), ou uma para cada pedido (exemplo citado no parágrafo anterior), ou mais de uma para cada pedido (coação e simulação para a anulação de um casamento, ou, para o pedido sucessivo eventual de separação, o adultério e a prática reiterada de agressões), sendo que, quando existir mais de uma causa de pedir, como embasamento do pedido, bastará que o juiz acolha uma delas para que a solução do conflito seja favorável ao postulante.

O que é absolutamente necessário é que exista o vínculo lógico causal entre cada pedido e as suas causas de pedir, sob pena de inépcia total ou parcial (em relação a um dos pedidos) da petição inicial que apre-

[84] ASSIS, Araken de. Ob. cit., p. 219.

sentar desvinculação entre eles, bem como conexão ou relação parcial entre as várias causas de pedir envolvidas na cumulação de pedidos[85].

Assim, pode cada um dos pedidos cumulados de forma eventual ter causa (ou causas) de pedir distinta da dos outros, como todos eles terem uma única e exclusiva causa, não servindo a unicidade ou multiplicidade de causas de pedir, nem para definir o instituto, nem para influenciar sobre o aspecto da admissibilidade ou não da cumulação.

2.6. Ordem dos pedidos

Nossa legislação processual não estabelece a ordem em que devem ser formulados os pedidos cumulados, ou qual o pedido que deverá ser formulado como principal e qual o que será subsidiário daquele. Com acerto, a legislação deixou de fazê-lo, pois o instituto é uma possibilidade legal criada no interesse do autor, que decidirá livremente se formulará pedidos sucessivos eventuais, ou se não o fará, bem como a ordem de importância (principal ou subsidiário) de cada um dos pedidos. Chiovenda, com absoluto acerto, indica que o fator determinante é o interesse do autor, pois "o pedido principal corresponde a uma gradação superior do interesse, e o subsidiário, a uma inferior"[86].

Nos tópicos "Espécies de pedidos", "Cumulação eventual de pedidos" e "Vantagens efetivas para quem se utiliza do instituto"[87] já fiz colocações no sentido de ser a escolha exclusiva do autor, o que não é de ser considerado como novidade ou estranho, pois, em qualquer tipo de ação, com cumulação ou não de pedidos,

[85] ASSIS, Araken de. Ob. cit., p. 225.

[86] CHIOVENDA, Guiseppe. *Principios de Derecho Procesal Civil.* Madrid, Reus, 1977, v. 2, p. 734. *In* ASSIS, Araken de. Ob. cit., p. 225.

[87] Itens 1.4., 1.4.2.2.2. e 2.2. deste livro.

pode-se dizer que o autor é o dono do pedido, é ele, e exclusivamente ele, quem o define, não havendo porque ser diferente em relação ao presente instituto.

O que se deve indicar é que o advogado do autor deverá formular os pedidos nessa ou naquela ordem, em atenção não somente ao seu interesse, o que deverá ser o aspecto prioritário a ser observado, mas também a aspectos de logicidade e de estratégia de ação em relação à parte contrária e ao processo como um todo. Assim, por exemplo, José Alberto dos Reis afirma que o autor por ter dúvidas no acolhimento da ação principal (seria o pedido que define como "pedido audacioso"), formula o outro, talvez com mais solidez[88] e possibilidade de êxito do que o principal (o "pedido conservador"), recomendando ele, de forma indireta, que o pedido com maior possibilidade de êxito deve ser formulado como pedido subsidiário, deixando-se para principal o pedido com menor chance, não se mostrando muito eficaz a inversão dessa fórmula.

Mas, se o autor tiver maior interesse no pedido mais fácil, talvez seja de não ser utilizada a cumulação de pedidos, ficando a petição inicial apenas com um pedido único, pois o aumento de chances com a formulação do pedido subsidiário se demonstrará muito pequena, quiçá ínfima, ou totalmente inexistente, não se verificando, então, a utilidade da formulação deste segundo pedido, para conhecimento eventual pelo juiz.

Assim, o advogado do autor, no momento de definir o pedido, ou pedidos que formulará e a sua respectiva ordem, que condiciona o juiz, deverá levar em consideração, além do maior ou menor interesse do autor neste ou naquele pedido, estes aspectos da maior ou menor possibilidade de acatamento de cada um dos

[88] REIS, José Alberto dos. *Comentários ao Código de Processo Civil.* 2. ed. Coimbra. Coimbra Editora Lim., v. 2, 1960, p. 140. *In* ASSIS, Araken de. Ob. cit., p. 225.

pedidos e da utilidade, ou não, do uso da cumulação eventual de pedidos.

2.7. O valor da causa

A fixação do valor a ser dado à causa que contenha cumulação eventual de pedidos deve seguir o determinado pelo art. 259, inc. IV do Código de Processo Civil, que determina que "se houver pedido subsidiário, (será) o valor do pedido principal". Assim sendo, dever-se-á observar a natureza do pedido principal e fixar o valor da causa de acordo com o que for legalmente estabelecido para o pedido principal, sendo totalmente desconsiderado, para este fim, o valor dos pedidos subsidiários[89], que, na verdade, praticamente inexistem enquanto não excluído pela decisão judicial o pedido principal. É como se os pedidos subsidiários estivessem "escondidos" atrás do pedido principal e somente apareceriam com a sua "morte".

Diz Hélio Tornaghi que se Tício pede X e acrescenta que, se na hipótese de isso lhe ser negado, solicita Y, o valor da causa é X, acrescentando a seguir que isto ocorrerá mesmo que Y, o pedido subsidiário, seja mais valioso que o pedido principal X[90], o que também é destacado por Dall'Agnol Júnior[91], tendo a lei na espécie fugido das regras válidas para as demais cumulações, qual seja as que consideram a soma dos pedidos cumulados ou o valor do pedido mais valioso[92].

---

89 MONIZ DE ARAGÃO, E. D. Ob. cit., p. 347.

90 TORNAGHI, Hélio. *Comentários ao Código de Processo Civil*. São Paulo, Ed. Revista dos Tribunais, 1975, v. 2, p. 262.

91 DALL'AGNOL JÚNIOR, Antonio Janyr. *Comentários ao Código de Processo Civil*. Porto Alegre, LeJur, v. 3, p. 527.

92 Art. 259, incs. II e III, do Código de Processo Civil.

Não esquecendo, entretanto, que esta norma apenas exclui para fixação do valor da causa os pedidos subsidiários, pois se houver, concomitantemente, pedidos sucessivos próprios ou pedidos alternativos, estes deverão ser considerados na fixação do valor da causa, sendo necessária a interpretação conjunta do inciso IV, com as dos incisos II ou III do referido art. 259 do Código de Processo Civil.

2.8. Competência

Em casos de cumulação, deve ser observada a norma do inc. II do art. 292 do Código de Processo Civil, que afirma somente ser possível a cumulação se o mesmo juízo for competente para conhecer todos os pedidos cumulados. Desta maneira, é necessário ser observado, pedido a pedido, qual o juízo competente para decidi-lo, sendo cabível a cumulação se o juízo competente for o mesmo para todos.

Há, entretanto, alguns aspectos que não podem deixar de ser observados. Em primeiro lugar, se todos os pedidos tiverem a mesma causa de pedir incide, na hipótese, o art. 103 do Código de Processo Civil, e sua combinação com os arts. 105 e 106 do mesmo diploma legal, que estabelece a conexão das ações e sua reunião para julgamento conjunto, isto, é de pedidos diversos baseados na mesma causa de pedir, intentados em ações diversas. Ora, se a coincidência de causa de pedir consegue unir, no mesmo juízo, ações diversas, não há razão jurídica para que o mesmo não ocorra em relação a pedidos com a mesma causa de pedir constantes da mesma ação, acarretando, assim a atração de um dos pedidos ao juízo que não era o competente para conhecer da questão, se ela tivesse sido proposta de forma independente. Segundo Araken de Assis, "excepciona-se, assim, a possibilidade de o réu se opor à cumulação de ações, ainda que uma delas não se tenha ajuizado no juízo competente"[93].

Por outro lado, o acolhimento integral do dispositivo do art. 292, inc. II, do Código de Processo Civil se justifica mais quando se estiver presente a competências diversas para cada pedido em razão da matéria e da hierarquia, pois se trata de competência de caráter absoluto, que o julgador deverá conhecer de plano, mesmo que não suscitada pela parte requerida (art. 113 do Código de Processo Civil), quando, definitivamente, será inviável a formulação de pedidos cumulados de forma eventual, impondo-se o ingresso de ações separadas[94], sendo que as seguintes (as que conteriam os pedidos subsidiários) somente após o julgamento da primeira - a que conterá o pedido principal.

Entretanto, se a divergência de competências referir-se a questões de valor e de território, poderá se manter a cumulação, numa primeira hipótese, em que não suscite a parte requerida, no respectivo prazo de resposta, exceção de incompetência em relação a nenhum dos pedidos[95].

Mas e se o réu argüir a exceção, será tão automático assim o rompimento da cumulação de pedidos? Tem-se entendido, hoje em dia, que podem ser desconsideradas certas regras de competência, quando criam privilégios para o autor, se ele mesmo não se utiliza da norma processual que estabeleceu o privilégio a seu favor[96]. Como, por exemplo, podem se citar as normas que

[93] ASSIS, Araken de. Ob. cit., p. 231.

[94] Podendo a ação proposta ser considerada uma delas, limitando-se então ao primeiro pedido formulado, se o juízo for competente para decidi-lo. Conflito de Competência, 14.237-RJ, 2ª Seção do Superior Tribunal de Justiça (RSTJ 8(83) 131-136, Julho 1996).

[95] Arts. 113 e 297 do Código de Processo Civil.

[96] Veja-se a doutrina de Celso Agrícola Barbi (*Comentários ao Código de Processo Civil*. 3. ed. Rio de Janeiro, Forense, 1973, v. 1, pp. 447 e 458) e de Yussef Said Cahali (*Dos Alimentos*, 1. ed. São Paulo, Ed. Revista dos Tribunais, 1986, p. 503) e decisões existentes em RJTJRGS 154/31 e 671/137.

estabelecem regras de competência a favor do autor nas ações de alimentos[97], ou nas ações de reparação de danos ocorridos em decorrência de delito, ou acidente de veículos[98]. Assim, caso a competência de um dos pedidos se estabelecesse por uma dessas normas, ou outra com o mesmo conteúdo de privilégio a favor do autor, e ele cumulasse o pedido, de forma eventual, com outro que o juízo competente fosse o do domicílio ou residência do réu, poderia a competência ser mantida neste outro juízo, face ter o autor desistido do privilégio que existia em seu favor.

Recorde-se, também, que o instituto da cumulação eventual existe em atenção aos princípios de economia, da pacificação social, da integridade da ordem jurídica e da efetividade do processo, com todas as vantagens já elencadas, não merecendo ser imposta uma cisão da inicial impeditiva da cumulação por um fator de competência, que não causou prejuízo ao requerido, porque criado, exclusivamente, em prol do autor.

Entendo que, por analogia interpretativa, também poder-se-ia desacolher eventuais exceções de competência que visassem a impedir a cumulação eventual de pedidos, quando, mesmo que por motivo diverso do presente, a alteração da competência tivesse apenas intenção de mero capricho, sem redundar em vantagem efetiva para o requerido, ou quando não se tratasse de vantagem expressamente criada pela lei a seu favor. Face à relevância processual e social do instituto da cumulação eventual para a máquina judiciária e para a sociedade como um todo, deve o julgador, sempre que possível, procurar decidir no sentido de manutenção da referida cumulação, decidindo pela sua impossibilidade, em virtude de competências diversas, apenas quando isso se impuser em caráter absoluto.

---

[97] Art. 100, inc. II, do Código de Processo Civil.

[98] Art.100, parágrafo único, do Código de Processo Civil.

2.9. Redução judicial do número de pedidos

Cabe ao julgador examinar os pressupostos de admissibilidade do julgamento do mérito, já desde o momento do primeiro exame que fizer dos autos, isto é aquele que antecede ao despacho da petição inicial. Tratando-se de ação de pedido unitário e configurada a ausência de algum desses pressupostos, será ela extinta, se não for ele sanável através de emenda da petição inicial. A solução será a mesma, se, apesar da multiplicidade de pedidos, em relação a todos eles existir a falta de algum desses pressupostos.

Nos casos de cumulação de pedidos, este fenômeno de rejeição da ação por falta de pressuposto de admissibilidade do julgamento de mérito pode se referir apenas a um dos pedidos[99]. Imagine-se que um dos pedidos seja juridicamente impossível, ou que caracterize litispendência ou coisa julgada em relação a pedido de ação distinta. Se, junto com este pedido justificador da declaração de inépcia da inicial, existir outro pedido, não atingido pelo mesmo defeito, ou por nenhum outro justificador de seu prematuro indeferimento, poderá o juiz indeferir parcialmente a petição inicial, em relação ao pedido juridicamente impossível, mantendo apenas o pedido hígido.

Algo similar ocorrerá nos casos em que seja impossível a cumulação de acordo com o art. 292, parágrafo único, do Código de Processo Civil, especialmente nos casos em que a vedação da cumulação ocorre em virtude de serem diversos os juízos competentes (inc. II) e de

[99] Ovídio A. Baptista da Silva (Ob. cit., p. 177) refere a casos de carência de ação, em relação ao pedido principal, afirmando que, aí, poderia já ser conhecido o segundo pedido. Entretanto, sua afirmação de que a ausência de algum pressuposto processual não autorizaria a que passasse a conhecer do pedido posterior, somente se justifica nos casos em que esta ausência pudesse ser sanada pelo atendimento de alguma emenda da inicial, havendo casos em que isso não seria possível, como os da configuração de litispendência em relação a outra ação.

diversidade de procedimentos (inc. III), hipóteses em que o feito prosseguirá em relação apenas ao pedido para o qual é competente aquele juízo[100], ou apenas em relação ao qual é adequado o procedimento escolhido[101].

Essas reduções na quantidade de pedidos ocorrida em processo com cumulação eventual de pedidos poderá dar azo a que deixe de existir a cumulação, por permanecer na petição inicial apenas um dos pedidos, passando à categoria de pedido unitário. Mantém, entretanto, a ação o seu caráter de cumulação de pedido se, apesar da exclusão de algum dos seus pedidos, nela ainda permanecerem dois ou mais pedidos, que possam ser qualificados de principal e subsidiários.

Se esse fenômeno da redução judicial do número de pedidos, pela rejeição de algum, em relação ao qual não se demonstravam presentes os requisitos de admissibilidade do julgamento de mérito, fulminar o pedido antes apresentado como principal, estará o julgador autorizado a conhecer, desde logo, do pedido formulado como subsidiário (do único pedido subsidiário ou do primeiro deles, que passa a ser considerado principal).

Não se pode, por outro lado, olvidar que a inépcia da inicial não preclui por não ter sido decidida pelo julgador no momento do primeiro despacho proferido nos autos, podendo ser proclamada em momento posterior, sendo que o mais adequado será o da audiência preliminar, onde agora se efetivam as decisões, que antes eram típicas do chamado despacho saneador, quando a questão envolver direitos disponíveis[102]. Nas

[100] Nesse sentido foi a decisão proferida pelo Superior Tribunal de Justiça no julgamento do Conflito de Competência nº 10266-9-RJ, Rel. Min. Costa Leite, DJU 21-11-94, p. 31.964, em que um pedido era da competência da Justiça do Trabalho e o outro não. No mesmo sentido RE 101.914-CE (RTJ 110/901) e Agravo 352.386 do 1º TACivSP.

[101] Por exemplo, o pedido de procedimento ordinário com a exclusão do pedido de procedimento cautelar.

[102] Art. 331 do Código de Processo Civil, com a redação que lhe foi dada pela Lei 8952/94.

demais, a parca doutrina existente diverge quanto à necessidade da referida audiência[103], sendo que, conforme o entendimento que prevalecer, poderá continuar esta decisão a ser proferida em despacho saneador.

2.10. Participação do Ministério Público no feito

Existe necessidade de participação do Ministério Público nas hipóteses em que todos os pedidos formulados, pela sua natureza, ou pela intervenção de alguma determinada parte[104], exijam esta intervenção; ou nas hipóteses em que haja interesse justificador de intervenção do Ministério Público em relação a qualquer um dos pedidos formulados, isto é, se houver interesse em relação a um pedido e não houver em relação a outro, o Ministério Público terá que participar obrigatoriamente da ação, pelo menos enquanto o pedido que justifica sua intervenção não for, definitivamente, excluído da lide.

2.11. A resposta do réu e a revelia

Proposta a ação com seus pedidos cumulados eventuais e devidamente despachada pelo juiz, realizar-se-á a citação e chegará a hora de o réu responder a ação

[103] Cândido Rangel Dinamarco (*A reforma do Código de Processo Civil*. 2. ed. São Paulo, Malheiros, 1995, pp. 115 e 118-9) entende que o instituto se baseia no Código de Processo Civil Tipo para a América e é obrigatório mesmo nos casos de direitos indisponíveis, enquanto Antonio Janyr Dallagnol Jr., em palestra proferida na Faculdade de Direito da Universidade Federal de Cruz Alta, nas datas de 04/05.05.95, manifestou entendimento de não ser ela obrigatória nas ações de direitos indisponíveis, lembrando que existia disciplinamento a respeito no parágrafo 2º da proposta da Comissão Elaboradora da Reforma do Código de Processo Civil, tendo sido excluído na tramitação legislativa.

[104] Ver a respeito destas hipóteses PORTO, Sérgio Gilberto. *Sobre o Ministério Público no Processo Não-Criminal*. Porto Alegre, AMP/Escola Superior do Ministério Público, 1989, 55 p.

contra si interposta, devendo, então, ser examinadas as particularidades da resposta (em cada uma de suas formas) que envolver pedidos desta natureza.

2.11.1. A contestação

Ao contestar o feito, o réu deve observar com percuciência a questão de se tratar de ação com cumulação de pedidos e, quiçá, de causas de pedir, tanto fáticas como jurídicas, cabendo-lhe contestar cada um e todos os fatos alegados, quer digam eles respeito ao pedido principal, quer refiram-se ao pedido subsidiário, pois, se deixar de contestar qualquer um dos fatos, em relação a ele efetivar-se-á a presunção de veracidade prevista pelos arts. 302 e 319 do Código de Processo Civil, referentemente àquele fato e pedido não contestado.

Evidentemente, não se olvida que existem matérias que, mesmo não contestadas especificamente, não são atingidas pela confissão quanto à matéria de fato[105] e casos em que é admitida a contestação por negação geral, face à natureza do interveniente da relação processual[106].

Mas, se não se caracterizar a incidência de uma dessas exceções, a confissão sobre a matéria de fato será impositiva e inafastável, mesmo que parcial sobre o conteúdo total da ação, visto que relacionado, por exemplo, a apenas um dos pedidos.

Ocorrendo este fenômeno da confissão sobre a verdade dos fatos em relação a um dos pedidos, deverá ser examinado, em primeiro lugar, referentemente a qual deles é que terá ocorrido este fato. Tratando-se do pedido principal, ficará excluída a realização da fase probatória do feito, por desnecessária, visto que os fatos

[105] Art. 302, incs. I a III, e art. 320, ambos do Código de Processo Civil.

[106] Art. 302, parágrafo único, do Código de Processo Civil.

já serão conhecidos, em virtude da confissão operada a seu respeito, cabendo ao julgador apenas verificar se a conseqüência jurídica daqueles fatos conhecidos será a procedência do pedido do autor ou não, isto é, se o autor tem razão em relação aos seus argumentos jurídicos, se a conseqüência jurídica daqueles fatos é, efetivamente, aquela afirmada pelo autor em sua petição inicial. Assim sendo, o feito será julgado procedente, com o atendimento do pedido principal formulado pelo autor.

A procedência do pedido não ocorrerá automaticamente em todos os casos, pois, em alguns, mesmo com a confissão dos fatos, a razão pode não estar com o autor, que formulou pedido injurídico. Mas, certamente, ocorrerá na maior parte das vezes, gerando a derrota judicial do réu.

A hipótese anterior parece ser a menos complexa, pois não é mais do que uma incidência específica ao instituto das normas gerais sobre a ausência específica de contestação válida para todos os demais tipos de pedidos. Mais complexa revela-se a situação quando o réu tiver deixado de contestar os fatos embasadores de algum dos pedidos subsidiários componentes da cumulação. Rememore-se que os pedidos subsidiários somente serão examinados e decididos após ser desacolhido o pedido principal.

Assim, num primeiro momento, esta confissão quanto ao pedido subsidiário, ou a um deles, não gerará nenhum efeito prejudicial imediato ao réu, pois ainda não foi decidido o primeiro pedido e os demais subsidiários que o antecederem. O réu ganhará a seu favor o tempo de realização de provas, se necessárias, e de decisão sobre os pedidos anteriores (principal e os outros subsidiários), pois, como regra geral, acabará sendo julgada procedente a ação.

A verdadeira questão que resultará a ser decidida, a partir da confissão quanto a um dos pedidos subsidiários, é a de saber qual dos pedidos do autor é que será atendido pelo julgador, pois se o autor não for vitorioso no pedido principal, ou nos subsidiários anteriores àquele sobre o qual houve a confissão, certamente o será quanto ao subsidiário, em virtude da referida confissão (se, como já vimos, o pedido não for totalmente injurídico).

Dessa forma, pode-se afirmar, em caráter genérico, salvo as exceções já referidas, que a ausência de contestação referente a qualquer dos pedidos, certamente resultará em julgamento de procedência da ação, de um ou de outro dos pedidos. A procedência da ação resultará ou da circunstância de ter o autor efetiva razão quanto ao objeto dos pedidos condicionantes, ou pela confissão quanto aos fatos do pedido subsidiário não contestado.

Deixei de falar, até esse momento, no outro efeito resultante da ausência de contestação que é a revelia, que somente se efetivará com a ausência de contestação em relação a todos os pedidos, porque se pelo menos um dos pedidos for contestado, entendo que não se operarão os efeitos da revelia, devendo o réu continuar a ser intimado de todos os atos processuais, pois apenas a total ausência de contestação é que enseja a declaração da revelia.

2.11.2. A reconvenção

Como se sabe, para que o réu possa intentar reconvenção contra o autor da ação contra si movida, é necessário que haja o vínculo de conexão entre o objeto da ação principal (ação, não pedido principal), ou o fundamento da defesa e o pedido formulado na reconvenção (art. 315 do Código de Processo Civil).

Ora, tratando-se de ação que contém dois pedidos, um somente conhecível, se rejeitado o outro, é de se perguntar se a conexão da reconvenção com a ação principal terá que ser com os dois pedidos, ou com apenas um deles ? Não vislumbro razão nenhuma para que a vinculação tenha que se referir aos dois pedidos, sob pena de ser obrigatório o entendimento de que a cumulação eventual de pedidos não admite a utilização do instrumento da reconvenção. Esta inviabilidade resultaria da circunstância de que não existiria, ou existiria apenas em hipótese remota, pedido que pudesse ser formulado em reconvenção, que tivesse conexão, ao mesmo tempo, com os dois pedidos da ação principal.

Este entendimento, que praticamente inviabiliza a reconvenção em ações com pedidos subsidiários, não se apóia em nenhum raciocício de lógica, especialmente considerando-se os mesmos princípios de economia, pacificação social, integridade da ordem jurídica e de efetividade do processo, que justificam a existência da cumulação eventual de pedidos. Sem a possibilidade reconvencional, o instituto da cumulação eventual de pedidos terá menor alcance de economia e de efetividade do processo do que o desejável; não se terá conseguido a completa pacificação social referente àquele conflito e nem mesmo se terá integridade da ordem social, pois a decisão da ação principal e a da futura ação que será intentada pelo réu no lugar da reconvenção que poderia ter sido proposta desde logo, para julgamento conjunto com a ação principal, poderão ter resultado diferente, com evidente desprestígio do Poder Judiciário.

Sendo correto e aceito esse entendimento, exsurge a questão de se verificar, caso a caso, com qual dos pedidos é que existe a conexão. E, se ela existir com o fundamento da defesa apresentada, deve ser verificado em relação a qual dos pedidos é que se refere aquela parte da defesa que dá suporte lógico-jurídico para a reconvenção.

A questão mais interessante surgirá na hipótese de a reconvenção referir-se apenas a algum dos pedidos subsidiários, pois poderá se entender que a necessária conexão para que seja aceita a reconvenção somente se configurará se for conhecido e decidido este pedido. Como já se disse anteriormente, o pedido subsidiário está "escondido" ou "morto", não se tomando dele conhecimento, enquanto não forem desacolhidos os pedidos anteriores que lhe são condicionantes. Assim, se ele não vier a ser objeto de decisão, por ter se esgotado a questão no julgamento de algum dos pedidos anteriores, estou convencido de que a reconvenção que tinha relação de conexão com esse pedido considerado prejudicado também será atingida por esta prejudicialidade[107], não devendo ela ser objeto de julgamento pela sentença que não decidiu o pedido que tinha vínculo com a reconvenção.

Como a conexão existe somente em relação a um dos pedidos subsidiários, admitir-se que esta sentença julgasse a reconvenção sem que tivesse sido julgado o pedido causador da conexão, seria admitir o julgamento de reconvenção mesmo sem ela ter nenhum vínculo com o pedido do autor (o pedido que foi julgado), o que destoa dos contornos legais, doutrinários e jurisprudenciais da reconvenção em nosso País, que colocam como condição absoluta a existência de conexão com o pedido da ação principal[108].

Assim, impõe-se o reconhecimento da prejudicialidade da reconvenção nessa espécie, deixando ela, em virtude disto, de ser objeto do respectivo ato sentencial.

Outra questão interessante ligando reconvenção e cumulação eventual de pedidos é a de que esta forma de cumulação pode surgir no processo em virtude de ter sido formulada na reconvenção. O pedido principal não

---

[107] Recorde-se a íntima vinculação entre conexão e prejudicialidade apontada por Antonio Scarance Fernandes, em sua obra *Prejudicialidade*, São Paulo, Ed. Revista dos Tribunais, 1988, pp. 73-6.

[108] A respeito da questão da adequação e limitação da reconvenção ao campo de incidência da ação primitiva a qual ela é conexa, ver Aderbal Torres de Amorim, *Reconvenção, Cumulação de Ações e Ação Rescisória, in Revista dos Tribunais*. São Paulo, Ed. Revista dos Tribunais, *581* :268-70.

apresentava cumulação de pedidos, mas, na reconvenção, o reconvinte formula sua pretensão em caráter cumulado eventual. Esta questão será abordada de forma ampla no tópico "Criação do instituto fora da petição inicial"[109], onde se tratará de todas as formas de cumulação eventual não provocadas pela parte autora.

2.11.3. As exceções

Como regra, as exceções não sofrem nenhuma modificação em virtude de tratar-se de ação onde haja qualquer tipo de cumulação de pedidos. Apenas, e tão-somente, em relação à exceção de incompetência pode-se dizer que a questão de fundo é um pouco mais complexa, pois tem que se examinar a competência em relação a todos os pedidos, especialmente sobre o ângulo de poder a competência ser fator que impossibilite a cumulação daqueles pedidos. Esse tema, entretanto, já foi examinado no tópico "Competência"[110], não havendo necessidade de renovação de seu estudo.

2.11.4. As impugnações

Apesar de não serem consideradas as impugnações como forma de resposta, reporto-me a elas por se tratar geralmente de atos de iniciativa da parte requerida apresentadas no mesmo prazo da resposta[111]

---

[109] Item 2.12. deste livro.

[110] Item 2.8. deste livro.

[111] A impugnação ao valor da causa tem que ser apresentada no prazo da contestação, conforme art. 261 do Código de Processo Civil, o que não ocorre com a impugnação ao benefício da justiça gratuita que pode ser suscitada em qualquer fase da lide, de acordo com o que estabelece o art. 7º da Lei 1.060/50.

Os únicos aspectos dessas impugnações que são diferentes nas ações com cumulação eventual de pedidos, em relação às demais, são:

a) quanto à impugnação ao benefício da justiça gratuita, o de poderem ser mais dispendiosas as despesas na fase probatória de uma ação que contenha esta cumulação do que naquela em que o primeiro pedido fosse formulado como único, o que pode justificar mais a manutenção do benefício da justiça gratuita, por não ter, qualquer das partes, condições de arcar com as custas daquele processo específico, enquanto teriam condições em relação a outras ações, ou, em relação àquela mesma, se ela contivesse apenas o pedido único[112]; e

b) quanto à impugnação ao valor da causa, o de que a fixação do valor da causa deverá ser estabelecida de acordo com o Art. 259, inc. IV do Código de Processo Civil.

2.12. Criação do instituto fora da petição inicial

Para clareza da exposição, indico que, nesse ponto, a expressão "petição inicial" será utilizada como representativa apenas da petição inicial da ação principal, apesar de, evidentemente, também serem petições iniciais as da reconvenção, da declaratória incidental e outras, e a expressão "autor" como correspondente à parte que intentou a ação principal.

Tratou-se, até agora, da cumulação eventual de pedidos formulada, exclusivamente, pelo autor em sua petição inicial, mas não se pode olvidar que essa cumulação pode surgir também em virtude de pretensão deduzida pelo réu em reconvenção que apresenta, em

[112] Em complemento, leia-se o tópico "A fase de produção de provas", item 2.13. deste livro.

resposta à petição inicial, ou em declaratória incidental, devendo ser examinados também os casos das ações com caráter dúplice e o novo disciplinamento legal incidente nas consignações em pagamento, em que há hipótese em que é possível a formação de título executivo a favor da parte requerida.

Examinemos, então, cada uma dessas possibilidades:

2.12.1. *Na reconvenção*

A partir da apresentação da peça reconvencional, amplia-se a dimensão do objeto litigioso, passando-se a ter, além dos pedidos formulados pelo autor, os de iniciativa do réu/reconvinte. Pode ocorrer, então, que, com a ampliação de pedidos, se passe a ter cumulação de pedidos antes existente ou aumente o número de cumulações de pedidos, tanto de caráter eventual, como de outra natureza.

Os pedidos cumulados de caráter eventual formulados pelo reconvinte seguem o mesmo disciplinamento que se tivessem sido eles formulados pelo autor na petição inicial, impondo-se acrescentar apenas a necessidade de que, em obediência a regramento característico da reconvenção, cada um dos pedidos tem que estar unido por laços de conexão com o pedido da ação principal, ou com os fundamentos da defesa, bem como é necessária a existência de cumulação entre cada um dos pedidos formulados na reconvenção[113].

2.12.2. *Na declaratória incidental*

Em prol dos mesmos princípios que embasam a existência do instituto da sucessão eventual de pedidos, evitando novas discussões sobre o mesmo assunto, em demandas posteriores, e conclusões contraditórias nas

[113] AMORIM, Aderbal Torres de. Ob. cit.

sucessivas demandas[114], pode, além do próprio autor, a parte requerida, ou o opoente pretender que questão prejudicial, ou preliminar ao julgamento do pedido formulado pelo autor, não seja apenas conhecida pelo julgador como fundamento de seu *decisum* (mero conhecimento *incidenter tantum*), mas que sobre ela haja expressa decisão no ato sentencial, que venha a ter força de coisa julgada dentro e fora daquele processo específico, como prevê o art. 5º do Código de Processo Civil.

Nesse caso, é mister um pedido formulado pela parte requerida que transforme a discussão em verdadeira causa, ou ação, de modo que o juiz possa também decidir esta questão incidental, não como mero pressuposto da decisão sobre o pedido principal, mas como decisão autônoma, que gerará a sua eficácia natural de determinação emanada do Poder Judiciário.

Tendo que ser formulado pedido pela parte requerida, esse pedido, como qualquer um dos demais, também poderá ser um pedido unitário ou cumulado, e, assim sendo, será plenamente viável que esse pedido também possa ser formulado na forma sucessiva eventual.

A parte que formular o pedido sucessivo eventual numa declaratória incidental deve ter o cuidado de que cada uma das pretensões deduzidas tem que se constituir em efetiva questão prejudicial ou preliminar do pedido principal deduzido em juízo pela parte autora, sob pena de não se caracterizar como declaratória incidental, e de que se trate de questão que pudesse ensejar o ingresso de ação declaratória autônoma[115].

2.12.3. *Nas intervenções de terceiros*

Poderá ocorrer em algumas das hipóteses de intervenção de terceiros a formulação de pedido novo inexis-

---

[114] BARBI, Celso Agrícola. Ob. cit., p. 91.

[115] GRINOVER, Ada Pellegrini. *Ação Declaratória Incidental.* São Paulo. 1972, p. 82. *In* BARBI, Celso Agrícola. Ob. cit., p. 96.

tente no processo até aquele momento, sendo de se analisar se este pedido novo poderá ou não ser cumulado de forma sucessiva eventual e se deve atender alguma exigência a mais, em virtude de característica própria da intervenção. As formas de intervenção de terceiros nas quais podem ser formulados pedidos novos são a oposição e a denunciação à lide, pois nas demais se visa ou à substituição da parte contra quem, erroneamente, foi intentada a ação pela parte que, corretamente, devia ter sido chamado a responder a ação (nomeação à autoria), ou se visa a acrescentar no processo mais um interessado, que tenha vínculo com a coisa litigiosa, para que sejam divididas as responsabilidades entre eles, sem que seja formulado novo pedido (chamamento do processo).

2.12.3.1. Na oposição

O opoente deduz o seu pedido contra as partes iniciais do processo, sendo obrigatório o respeito aos requisitos exigidos para a propositura da ação. Na formulação de seu pedido, poderá o opoente fazê-lo em caráter sucessivo eventual, desde que respeite todas as características próprias do instituto e que tanto o principal, quanto o subsidiário digam respeito à coisa ou ao direito sobre que controvertem o autor e o réu. Assim sendo, o opoente não poderá ampliar o objeto da lide que permanecerá sendo a mesma coisa ou direito que já era o objeto da ação que existia entre o autor e o réu, o que demonstra, mais ainda, a necessidade de que ambos os pedidos, principal e subsidiário, formulados na oposição, somente possam dizer respeito à coisa, ou ao direito, que já tenha se estabelecido como conteúdo litigioso da demanda[116].

[116] Art. 219 do Código de Processo Civil.

2.12.3.2. *Na denunciação à lide*

O denunciado à lide indicado pelo autor, segundo o Art. 74 do Código de Processo Civil, se caracteriza como litisconsorte do denunciante e pode aditar a petição inicial, formulando novo pedido contra o réu, pedido este que poderá ser de caráter unitário, ou cumulado, sendo viável a formulação de pedido sucessivo eventual.

Não me restam dúvidas de que o novo pedido deduzido pelo denunciado/litisconsorte ativo, em aditamento ao pedido do autor, poderá ser formulado em forma sucessiva eventual, mantendo-se inalterado o pedido inicial do autor. Nessa situação, passará o feito a ter, por exemplo, um pedido unitário, apresentado pelo autor, e um pedido formulado pelo denunciado, em cumulação com aquele, e que, além disso, possui em si mesmo, em sua constituição interna, uma cumulação imprópria, formada de um pedido principal e de um subsidiário para conhecimento, se não acolhido o pedido principal do denunciado.

Situação estranha e peculiar, e que merece um exame mais aprofundado, é a de saber se dentro do poder do denunciado de aditar a petição inicial estaria o poder de transformar um pedido unitário que tivesse sido formulado pelo autor em pedido cumulado sucessivo eventual.

Tendo que trilhar caminho novo, por não enfrentada essa questão na doutrina e na jurisprudência, como tantas outras nesse trabalho, e dentro de meu entendimento de ampliação e valorização do instituto da cumulação sucessiva eventual, acredito que isso seria possível, desde que o pedido formulado pelo autor ficasse na condição de pedido principal, e o aditado pelo denunciado assumisse a condição de subsidiário, para somente ser conhecido em caso de não ser acolhido aquele formulado desde o primeiro momento pelo autor. Essa possibilidade de ampliação do pedido não causa nenhum prejuízo ao autor, pois continuará ele com as chances que tinha em relação ao pedido que deduziu, aumentadas, agora, das chances do pedido subsidiário formulado pelo denunciado à lide.

Considero, entretanto, como uma audácia exagerada, especialmente por invadir, em caráter demasiado, o campo de prevalência da vontade do autor quanto às definições dos limites da lide - a sua condição de *dominus litis* -, e por já ser esta possibilidade de aditamento uma anormalidade e uma exceção em relação a esse sistema, que o novo pedido formulado pelo denunciado pudesse assumir a condição de principal, jogando o pedido inicial do autor para a posição de subsidiário.

Ora, seja por que motivo for, o autor optou por aquele determinado pedido como sendo o que ele deseja receber como resultado útil da demanda, na qual tomou todas as iniciativas e assumiu todos os riscos, seria um total absurdo que um terceiro (o denunciado), que é para ser seu parceiro na demanda, e não seu adversário, mas que pode até, em tese, estar agindo de má-fé, ou contra os interesses do autor, possa despriorizar esse interesse do autor manifestado em seu pedido inicial.

Assim, entendo que o poder do denunciado em relação à formulação do pedido é, evidentemente, secundário em relação à posição do autor, não podendo ser aceito o aditamento que o denunciado apresentar, se tirar ele do pedido do autor o seu caráter de prioridade, de primeiro e mais importante de todos os pedidos formulados.

Não estou olvidando a possibilidade de que a não-inversão na ordem dos pedidos possa ser prejudicial ao denunciado à lide. Mas, nem por isso, entendo que poderá ele, por sua exclusiva vontade, diminuir a relevância, ou a posição seqüencial em que será julgado o pedido inicial do autor. Se isso efetivamente lhe causar prejuízos, deve o denunciado à lide, oportunamente, ingressar com ação judicial contra o autor pelos prejuízos que lhe tiver causado, devendo o julgador levar, entretanto, em consideração, a situação de que o denunciado veio à lide, chamado pelo autor (o que talvez não o fizesse sem esta provocação), e de que pode lhe ter sido proveitosa a iniciativa do autor.

Posição menos radical, sem se desvalorizar a importante posição do autor no processo, seria a de se admitir essa transformação, essa alteração do grau de importância do pedido do autor, desde que fosse ele consultado previamente e com ela concordasse expressamente, deixando-se, nessa hipótese, de rejeitar o aditamento, efetivando-se a transformação, por ter-se transformado também em interesse e prioridade do autor.

Somente a prática, ou as características de cada caso é que poderão mostrar quais desses dois entendimentos é que deverá prevalecer como forma apropriada de equilíbrio das relações entre autor e seu denunciado e das desses com o réu.

A denunciação à lide formulada pelo réu também poderá conter pedido cumulado eventual, numa primeira hipótese, quando o pedido do autor já se revestia dessas características, ou desde que se trate o pedido do réu de pedido de menos extensão do que o apresentado, inicialmente, pelo autor, posto não haver como ser transformado em pedido sucessivo eventual, exclusivamente contra o denunciado, o pedido unitário, ou cumulado não eventual intentado contra o réu.

2.13. A fase de produção de provas

Existindo pedido sucessivo eventual e dependendo todos eles de dilação probatória, por não se tratar nenhum deles de questão apenas de direito, ou que dependa de prova exclusivamente documental, a produção das provas realizar-se-á, ao mesmo tempo, referentemente aos dois pedidos, pois, em regra apenas na sentença é que decidirá o juiz se acolhe, ou desacolhe cada um dos pedidos, ou todos eles. E, para assim poder decidir, é necessário que já tenham sido realizadas todas as provas que digam respeito a qualquer um dos pedidos.

Aqui é que pode ocorrer a desvantagem do instituto da cumulação eventual de pedidos, porque a instrução poderá ser, e provavelmente será, mais demorada do que se tratasse ela de instrução referentemente a um só dos pedidos. Deverá o advogado da parte que estiver analisando a hipótese de formulação de pedido subsidiário ou eventual, fazer a comparação entre essa desvantagem e as vantagens antes elencadas[117] para, em cada caso concreto, deliberar sobre a conveniência ou não da formulação de um pedido subsidiário ou eventual, escolhendo a estratégia de ação que lhe parecer mais adequada aos interesses de seu constituinte.

Além disso, não se pode esquecer que, apesar de se tratar de prova sobre dois ou mais pedidos, os limites sobre número de testemunhas continuam os mesmos[118], talvez apenas podendo oportunizar a ouvida de mais de três testemunhas[119], por envolver mais de um *facta probandi.*

2.14. O julgamento: suas opções e seus limites

2.14.1. Hipóteses de julgamento

Em qualquer espécie de feito, o julgador pode, em tese, optar por várias hipóteses de decisão: as de proce-

[117] Ver item 2.2. deste livro.

[118] Como, por exemplo, as normas dos arts. 407 do Código de Processo Civil e 8º da Lei 5.478/68.

[119] Limitação prevista pelo parágrafo único do art. 407 do Código de Processo Civil.

dência e improcedência total do pedido e as de procedência parcial do pedido, como estabelece o art. 459 do Código de Processo Civil. Essas últimas podem ser de vários tamanhos e dimensões, desde as que a procedência do pedido é quase total até aquelas em que a procedência é muito diminuta em relação ao que havia sido inicialmente postulado.

Se existir, na espécie, qualquer das formas de cumulação de pedidos, o leque de opções se amplia ainda mais, pois poderá ocorrer o mesmo em relação a cada um dos pedidos. É necessário fazer-se um exame sobre essas hipótese de julgamento, quando se estiver frente a uma cumulação eventual de pedidos, especialmente sobre o enfoque de o resultado judicial em relação ao primeiro pedido estabelecer a necessidade de ser decidido o pedido subsidiário, ou se este ficou prejudicado, não devendo ser objeto de decisão pelo julgador.

1ª Hipótese - Procedência total do pedido principal

Julgando o juiz totalmente procedente o pedido principal, fica prejudicado o exame do segundo pedido, por já satisfeita a pretensão do autor com o atendimento do primeiro pedido, visto que a sua pretensão é de receber o bem jurídico indicado no primeiro pedido *ou* no segundo pedido, e não ambos. Não deve ele exarar, então, nenhuma manifestação sobre o pedido subsidiário, pois o julgamento já se encerra antes de seu conhecimento, não tendo sido preenchida a condição legal para que isso acontecesse, que é a de não-acolhimento do pedido principal, pois este foi acolhido. O juiz, nessa hipótese, julga totalmente procedente o pedido principal e nada decide sobre o pedido subsidiário, que permanece "morto, esquecido ou adormecido", devido a sua total irrelevância, enquanto possível o deferimento do primeiro pedido.

É caso típico de o juiz considerar prejudicado o conhecimento do segundo pedido, situação assemelhada ao que ocorre nos julgamentos do Tribunal do Júri, onde determinadas respostas a alguns quesitos tornam prejudicados os demais, por desnecessários para a fixação da solução final da lide.

2ª Hipótese - Improcedência total do pedido principal

Se o juiz examinar o primeiro pedido e chegar à conclusão de que não pode atendê-lo, deve, em cumprimento ao que determina o art. 289 do Código de Processo Civil, conhecer do pedido posterior e passar ao exame do seu mérito. Caberá ao juiz, então, verificar se o segundo pedido pode ser deferido integralmente ou de forma parcial, ou terá que ser indeferido em sua totalidade, de forma semelhante ao ocorrido com o pedido principal. Na fundamentação, devem constar as razões da decisão proferida em relação aos dois pedidos (têm as partes o direito de saber porque foi indeferido ou deferido cada pedido, e o juiz, o dever de dizê-lo), enquanto no dispositivo da sentença deverá constar tanto o que o juiz decidiu sobre o pedido principal, quanto o referente ao pedido subsidiário.

Ocorrendo, entretanto, de o juiz, nessa hipótese, deixar, indevidamente, de conhecer ou decidir o segundo pedido, encerrando o julgamento com o indeferimento do primeiro, estará exarando julgamento absolutamente incompleto, de caráter absolutamente nulo[120], por não ter julgado a lide proposta pelo autor na sua totalidade[121], como é obrigação dos órgãos jurisdicionais.

3ª Hipótese - Impossibilidade do julgamento do mérito do pedido principal

Não podendo o juiz examinar o mérito do primeiro pedido (por exemplo, por falta de alguma condição de

[120] Ver tópico sobre "Nulidades" (item 2.17 deste livro).

[121] Típico caso de julgamento *"citra petita"*.

ação vinculada apenas ao primeiro pedido), está ele autorizado a passar ao exame do pedido subsidiário, pois não acolhido aquele[122]. Nessa hipótese, deverá, igualmente, o juiz fazer constar da fundamentação, por um lado, as razões jurídicas que justificam a falta de exame do mérito do pedido principal e, de outro, os fatores que o levam a decidir pela procedência, improcedência, ou não exame do mérito em relação ao segundo pedido; enquanto, no dispositivo da sentença, deverá referir-se à decisão proferida em relação a ambos os pedidos.

As ponderações feitas no item anterior referentes à nulidade do julgamento, se não tiver sido analisado o segundo pedido, aplicam-se inteiramente e de forma igual à presente hipótese.

4ª Hipótese - Confronto entre a procedência parcial do pedido principal ou a procedência total do pedido subsidiário

Decidindo o juiz pela procedência parcial do primeiro pedido, levanta-se uma questão preliminar e interessante que é a de se saber se, nessa hipótese, o juiz, está ou não autorizado a passar ao exame do pedido subsidiário. Meu entendimento é de que deve ser positiva a resposta a essa indagação. Se o pedido principal não foi deferido em sua integralidade, é porque ele não foi acolhido nos moldes formulados pelo autor, é porque não foi atendida integralmente a pretensão deduzida em relação ao mesmo, impondo-se entender que está, dessa forma, preenchida a expressão "não podendo acolher o anterior" estabelecida pelo art. 289 do Código de Processo Civil como condição para conhecimento do segundo pedido, pois o pedido principal foi desacolhido em parte, quiçá até em parte extremamente substancial.

[122] Ver, nesse sentido, inteligente ponderação de Ovídio A. Baptista da Silva. Ob. cit., p. 177.

Já quanto ao mérito, quando acatado o entendimento de que é permitido o conhecimento e julgamento do pedido subsidiário, as indagações são sobre qual a decisão que deverá prevalecer como resultado final da sentença, qual a decisão que terá força da coisa julgada, entre uma decisão de procedência parcial do primeiro pedido e uma de procedência total ou parcial do segundo.

Como existe uma equivalência jurídica entre os pedidos principal e subsidiário, mesmo que de natureza e conteúdos diversos[123], é de caráter obrigatório presumir-se que o interesse do autor estará melhor atendido com a procedência total do pedido subsidiário do que com a procedência meramente parcial do primeiro pedido. Na presente hipótese, deve o juiz dar pela procedência do pedido subsidiário, rejeitando como resultado final do processo a decisão de procedência parcial do primeiro pedido. Deverá ele, obrigatoriamente, fazer constar da fundamentação da sentença tanto os motivos pelos quais poderia deferir apenas parcialmente o primeiro pedido, como as razões jurídicas do acolhimento integral do segundo pedido.

Entendo que o juiz deve ter como premissa básica de sua decisão essa presunção de preferência do autor pela procedência parcial do segundo pedido em relação à procedência parcial do primeiro pedido, sob pena de chegar ele a um impasse quase insuperável no momento de decidir, que será o de não ter nenhuma espécie de parâmetro para preferir uma das decisões à outra. Lembre-se que não tem o juiz como consultar a parte sobre sua efetiva preferência, quando ainda não proferiu a sentença, não lhe sendo lícito antecipar o seu teor, ou mesmo suas tendências iniciais, a alguma das partes antes de proferi-la e publicá-la, quer em relação a sua totalidade, quer em relação a apenas uma de suas partes.

123 Ver o exame feito sobre essa matéria no tópico sobre "As verbas sucumbenciais" no item 2.16. deste livro.

Assim, deve o juiz ter como presumida esta preferência, que somente poderia ser afastada por algum elemento concreto constante de forma específica nos autos, como, por exemplo, uma manifestação do réu de que preferisse receber 70% ou 80% do valor do pedido principal do que o atendimento integral do pedido secundário.

5ª Hipótese - Procedência parcial em ambos os pedidos

Pode acontecer, ainda, de que o convencimento do juiz em relação a cada um dos pedidos seja o de que eles somente possam ser atendidos de forma parcial. Nessa hipótese, parece-me que o juiz, pelos argumentos expendidos no tópico anterior, está autorizado a conhecer e a examinar o segundo pedido. Deverá ele, então, procurar ponderar qual dos pedidos está sendo concedido de maneira mais extensa e que possua, em sua essência, maior grau de satisfação do autor, porque, se uma decisão lhe for mais favorável, o conteúdo desta é que deverá ser o benefício que o autor receberá em virtude da sentença proferida. É que tem o autor direito a receber, como prestação jurisdicional, tudo que tenha direito e isso somente ocorrerá com a concessão do pedido que em maior profundidade atender seu interesse.

Assim, por exemplo, se, em relação ao pedido principal, a procedência parcial não passaria de metade do valor postulado, enquanto que o pedido subsidiário pudesse ser atendido quase que integralmente, esta segunda decisão é que deverá prevalecer, por melhor satisfazer a pretensão do autor.

Também, nessa hipótese, a sentença deverá expressar os fundamentos da procedência parcial de cada um dos pedidos, com o acréscimo dos argumentos justificadores das razões pelas quais optou o juiz por conceder ao autor a procedência parcial de um ou de outro dos pedidos. O dever do juiz de fundamentar a sentença atinge também a obrigação de explanar por que entendeu mais satisfatório ao autor a concessão parcial do pedido principal, ou do pedido subsidiário. Lembre-se que o cerne de eventual recurso poderá dizer respeito exatamente a uma alegação de equívoco do juiz ao estabelecer esse juízo de "mais valor" entre o bem da vida que seria alcançado pelo autor, se procedente parcialmente um ou outro dos pedidos, tendo as partes o direito de saber os critérios utilizados pelo juiz para estabelecê-lo.

No dispositivo da sentença, deverá o juiz referir-se apenas ao pedido que ele resolveu deferir parcialmente, deixando de se manifestar sobre o que foi considerado de menor grau de satisfação, sendo suficiente o que já tiver dito sobre ele em sede de fundamentação.

2.14.2. *Limites do julgamento*

O julgamento do feito em que existirem pedidos sucessivos eventuais tem como seus limites os de cada um dos pedidos, isto é, o julgamento não pode ultrapassar os limites ou do pedido principal, ou os limites do pedido subsidiário. Julgando o juiz o primeiro pedido, tem ele que decidi-lo na sua integralidade, sob pena de configurar-se sentença *citra, ultra,* ou *extra petita*[124], o mesmo ocorrendo se o julgamento acabar incidindo sobre o segundo pedido. Chama-se a atenção, e com bastante ênfase, que os limites obrigatórios da sentença, nessa hipótese, são os de um pedido, ou os do outro. Como os dois pedidos são auto-excludentes, o dispositivo da sentença somente pode se referir a um deles, mas deve fazê-lo de forma ampla a abranger todos os aspectos desse pedido decidido, enquanto, de outro lado, não exarará nenhuma manifestação sobre o outro pedido, sobre o pedido que foi desconsiderado pelo julgador, ao

[124] Veja-se a respeito itens 1.4.2.1.2. e 2.17. desta obra.

declarar os motivos do seu convencimento na fundamentação da sentença. Repita-se, mais uma vez: na cumulação eventual de pedidos, apenas um deles é que será decidido pelo juiz, apenas sobre um deles é que haverá definição no dispositivo da sentença, apenas sobre um deles é que incidirá o fenômeno da coisa julgada.

Assim, o dispositivo final da sentença deve decidir a lide em todos os seus contornos e aspectos referentemente a apenas um dos pedidos, sob pena de não cumprir a sentença o seu objetivo nato, configurando-se caso de sua absoluta desvalia e de nulidade de caráter absoluto.

2.15. A má-fé

A experiência demonstra que a oportunidade da formulação do pedido é momento em que a prática da má-fé encontra campo oportuno para sua ocorrência, referindo-se, especificamente, a esse momento a primeira parte do inciso I do art. 17 do Código de Processo Civil, que afirma caracterizar-se como má-fé a dedução de pretensão contra texto expresso de lei ou fato incontroverso.

Além disso, não pode ser excluída, em tese, a vinculação dos incisos II e III do mesmo artigo com o pedido apresentado como objeto útil e final do processo.

Evidentemente, todas estas práticas ilegais poderão ocorrer em uma ação em que exista pedido sucessivo eventual, não existindo íntima ligação entre essa espécie de pedido e a má-fé. Deve ser observado que a referência a poder existir, na cumulação eventual de pedidos, um "pedido audacioso" não é sinônimo de que este pedido seria um pedido que possuísse o componente da má-fé, mas apenas que se tratava de um pedido referente a um entendimento jurídico ainda não consolidado na doutrina, ou na jurisprudência, que seja inovador em relação ao que normalmente é requerido em circunstâncias semelhantes e que não deverá, para evitar a caracterização da má-fé, ser dedução contra texto expresso de lei, ou fato incontroverso, ser alterador da verdade dos fatos ou visar a objetivo ilegal. O pedido é audacioso apenas porque não se conhece a posição da jurisprudência a respeito do tema, e não por nenhum fator de ilegalidade de sua constituição. Não se trata, assim, a permissão legal de formulação de pedidos sucessivos eventuais de uma autorização de viabilização de pedidos que caracterizem litigância de má-fé, pois esses continuam proibidos e passíveis de justificarem condenação de ofício[125].

Deve ser observado que a possibilidade de ser formulado um pedido em que não existirá o risco da sucumbência em honorários (o pedido principal)[126] poderá ensejar que a parte se encoraje a ultrapassar os limites legais da audácia útil para a inovação do direito e entrar no campo da ilegalidade, considerando ela ter o pedido subsidiário como um fator a seu favor, pois não seria considerada como litigante de má-fé, tendo ganho a causa em virtude desse pedido. Mas, se o pedido principal era desnecessário ao objetivo do autor e se a sua formulação causou danos ou prejuízos ao requerido[127], de caráter previsível e doloso, deverá o juiz caracterizar o autor como litigante de má-fé, condenando-o ao pagamento desses prejuízos, mesmo sendo ele vencedor na demanda, em relação ao objeto do segundo pedido.

---

[125] Art. 18 do Código de Processo Civil, com a redação que lhe foi dada pela Lei 8952/94.

[126] Ver item 2.16. deste livro.

[127] Como, por exemplo, o aumento de despesas judiciais por realização de maior número de atos processuais ou de maior dificuldade, que deverão ser ressarcidos pelo requerido, de acordo com o art. 20 do Código de Processo Civil.

2.16. As verbas sucumbenciais

Esse tema, por si só, enseja um nível de discussão que justificaria um estudo exclusivo, face a sua relevância e discutibilidade, sendo que se abordará, nesse trabalho, apenas alguns aspectos mais relevantes da questão.

A correta definição sobre a incidência da condenação ao pagamento das verbas sucumbenciais (que inclui as custas processuais e os honorários advocatícios, sendo essa, normalmente, a parcela de valor mais significativo), nessa forma de cumulação de pedidos, tem relevância muito grande, pois, conforme o norteamento que for adotado, permitirá e estimulará a sua utilização pelos profissionais do direito, ou a reduzirá para níveis inferiores aos atuais. Além de aspectos outros, evidentemente relevantes, deverão o doutrinador e o julgador não se esquecer de levar em consideração também este enfoque.

A questão nodal da matéria é a de saber se deve o autor ser condenado ao pagamento das verbas sucumbenciais, se vier a ser derrotado em relação ao pedido principal, mas for vencedor em relação ao pedido subsidiário. É ele vencedor integral da causa ? Ou foi vencedor apenas em parte ?

É necessário, inicialmente, fazerem-se algumas colocações referente ao relacionamento existente entre os pedidos que compõem essa cumulação. Deve se examinar a questão de saber se entre o pedido principal e o pedido subsidiário existe um nível de superioridade de um em relação ao outro ou um nível de igualdade jurídica.

A relevância dessa definição está em que, existindo pedido superior e pedido inferior, se o autor vier a ser vencedor apenas em relação ao pedido inferior, deverá ele ser condenado ao pagamento das verbas sucumbenciais ao menos em relação à diferença de valores, ou de relevância jurídica entre os pedidos, enquanto o entendimento de um nível de igualdade entre os pedidos permite concluir pela inexistência da condenação ao pagamento de alguma parte do valor das verbas sucumbenciais O segundo entendimento parte da premissa de que o autor não foi vencido em relação a nenhum dos pedidos, pois sendo atendido em qualquer um dos seus pedidos, estaria sendo atendido de forma igual, por existência de igualdade entre os pedidos, não havendo sucumbência sobre a qual pudesse incidir a condenação.

Inicialmente, baseada num juízo de primeira impressão, a tendência seria de considerar que existiria um pedido superior e um inferior. Entretanto, essa primeira interpretação não se coaduna com o verdadeiro espírito do instituto da cumulação eventual. Uma interpretação mais ampla e sistemática aponta para a circunstância de que o pedido principal e o pedido subsidiário estão num mesmo plano de equivalência jurídica. Mesmo tendo eles objetos e valores específicos diferenciados, há igualdade no nível de relevância jurídica entre os pedidos formulados, não sendo um superior ao outro, ou um de maior importância que o outro. O autor formula dois pedidos que serão satisfativos do seu interesse de forma igual, isto é, atendido qualquer um deles a decisão lhe é totalmente favorável, não se podendo dizer que tivesse sido vencedor apenas de forma parcial. Lembre-se, ainda, que não pode ele ser vencedor ao mesmo tempo em relação aos dois pedidos, mas apenas em relação a um deles, pois eles são auto-excludentes, porque a "tutela de um (pedido) exclui e impossibilita a tutela dos demais"[128]. Assim, por exemplo, o resultado útil lhe será o mesmo se o juiz julgar procedente seu pedido de nulidade do contrato por vício de vontade, ou se julgá-lo rescindido por descumprido pela parte contrária, se a intenção do autor era a de não ser obrigado a efetuar

[128] Apelação Cível nº 193164597 do Tribunal de Alçada do Rio Grande do Sul.

determinado pagamento em determinada data prevista contratualmente.

Não se pode esquecer, além disso, que não estabeleceu a lei um vínculo de superioridade entre os pedidos, uma determinação de que um ou outro deverá ser colocado em primeiro lugar, num nível de superioridade, tendo que ser formulado como principal, e os demais, que seriam inferiores em virtude de sua natureza, teriam que ser formulados como subsidiários. Essa linha de antecedência de julgamento de um pedido em relação ao outro dependerá, exclusivamente, da vontade do autor e de seu advogado, sendo que, como já foi demonstrado[129], deverão eles levar em consideração a questão de saber se esta ou aquela seqüência entre os pedidos aumenta a possibilidade de ganho da causa ou não, o que evidentemente caracteriza-se como uma avaliação muito subjetiva e que pode aconselhar a apresentação, em primeiro lugar, do pedido com menor probabilidade de aceitação.

Assim, a colocação de um pedido como principal e outro como subsidiário não tem a ver com a superioridade ou não de um em relação ao outro, mas, sim, de uma conveniência de estratégia de ação, que o autor é livre para formular.

Outro argumento que não pode ser olvidado é o de saber se o autor tem interesse jurídico e possibilidade de recorrer da sentença que lhe der ganho de causa em relação ao pedido subsidiário, tendo, previamente, desacolhido seu pedido principal. O tema será enfrentado no tópico "Condições de recorribilidade"[130], mas, desde já, coloco que o entendimento que deve prevalecer é no sentido de que o autor teve satisfeita a sua pretensão com o atendimento do pedido subsidiário, não podendo recorrer para substituí-lo pelo atendimento do pedido

---

[129] Item 2.6. deste livro.

[130] Item 2.18. deste livro.

principal. E, assim sendo, não é ele considerado vencido e não pode, em conseqüência, ser condenado ao pagamento de verbas sucumbenciais.

A prevalência do entendimento de que deve o autor sofrer condenação em verbas sucumbenciais, face ao não-atendimento do pedido principal, terá, como conseqüência, a destruição do instituto como instrumento de renovação e atualização do direito, pois não terá o autor nenhuma diminuição do risco que existe ao fazer algum pleito, cuja jurisprudência ainda não está devidamente sedimentada. Por que ele se arriscará a fazer um "pedido audacioso" se isso poderá significar desnecessária e onerosa condenação do seu cliente ao pagamento de honorários ao advogado da parte contrária ? Preferirá ele, evidentemente, e com todas as razões possíveis, formular apenas o pedido tradicional, aquele de todos conhecido, o "caminho das pedras" já fixado por outros passos, quem sabe até seculares.

Prevalecendo essa linha de pensamento, apenas poderiam ser audazes e inovadores os advogados, quando seus clientes fossem titulares do benefício da justiça gratuita e não corressem o risco de terem que suportar os encargos da sucumbência, pois, mesmo que condenados a realizar algum pagamento, a sua cobrança ficaria suspensa enquanto mantida a situação de pobreza, o que, normalmente, não é modificada no prazo decadencial de cinco anos[131].

A linha jurisprudencial que define que somente ocorrerá a condenação do autor ao pagamento das verbas sucumbenciais no caso de não ser atendido nenhum dos pedidos atua como incentivo à utilização desse instituto pelos advogados, ocorrendo exatamente o contrário se a derrota no pedido principal já for suficiente para acarretar a condenação ao pagamento de honorários.

---

[131] Art. 12 da Lei 1.060/50.

Encontram-se na jurisprudência, julgados de acordo tanto com uma quanto com a outra corrente de entendimento, como pode-se assim resumir e representar:

2.16.1. *Sucumbência exclusiva do réu*

- Apelação Cível nº 186011938 da 4ª Câmara Cível do Tribunal de Alçada do Rio Grande do Sul;
- Apelação Cível nº 193162963 da 1ª Câmara Cível do Tribunal de Alçada do Rio Grande do Sul[132];
- Apelação Cível nº 216.733 da 2ª Câmara do Tribunal de Justiça de São Paulo[133].
- Recurso Especial nº 52.750-3 da 3ª Turma do Superior Tribunal de Justiça[134].

2.16.2. *Sucumbência recíproca*

- Apelação Cível nº 56325-1 da 8ª Câmara Cível do Tribunal de Alçada do Paraná;
- Apelação Cível nº 193164597 da 4ª Câmara Cível do Tribunal de Alçada do Rio Grande do Sul[135];
- Recurso de numeração não divulgada na fonte de pesquisa[136], julgado pela 2ª Câmara do 2º Tribunal de Al-

[132] Por entender caracterizado caso de sucumbência mínima, como previsto pelo art. 21 do Código de Processo Civil.

[133] Citada por CAHALI, Yussef Said. *Honorários Advocatícios.* 2. ed. São Paulo, Ed. Revista dos Tribunais, 1990, p. 270.

[134] RSTJ 7(75), novembro 1995, p. 390.

[135] JULGADOS do TARGS 91/143 - Esse julgado apresentou uma circunstância diferenciada, qualificada de bizarra pelo autor do voto vencido, Dr. Márcio Oliveira Puggina, e que não é adequada e correta nessa forma de cumulação, de que haviam réus diferentes para cada um dos pedidos, e que o réu de um dos pedidos não foi sucumbente, pela decisão que atendeu o pedido em que ele não era réu, o que justifica que tenha decidido nesse sentido.

[136] CAHALI, Yussef Said. Ob. e p. cits.

çada de São Paulo, reproduzido da revista de jurisprudência Julgados 98/256[137].

O problema da condenação nas verbas sucumbenciais não existe nessa cumulação apenas em relação ao problema antes examinado. Também nos casos de procedência total do pedido principal, improcedência total de ambos os pedidos e de procedência parcial de qualquer um dos pedidos existem aspectos a serem enfrentados, os quais podem sê-lo de maneira menos extensa, por sua aproximação com o que acontece nas demais hipóteses de pedidos.

Quanto à procedência total do primeiro pedido, a única circunstância a considerar é a de que o trabalho advocatício, o tempo de tramitação do feito e as suas dificuldades são, em regra, maiores do que as de um processo de pedido simples, pois todo o trabalho tinha que visar a se preocupar com os dois pedidos, ao mesmo tempo, aspecto este que não poderá ser esquecido pelo julgador ao fixar os honorários advocatícios, mas que é irrelevante na parte da condenação quanto às custas, pois as custas sempre correspondem ao que efetivamente tiver sido disperdido, não dependendo de fixação judicial. No caso de improcedência de ambos os pedidos, a consideração é a mesma, somente que vista sob o ângulo da parte requerida, que será o beneficiário da condenação nas verbas sucumbenciais.

Se a sentença tiver deliberado pela procedência parcial de qualquer um dos pedidos, os respectivos ônus deverão ser repartidos na proporção em que cada uma das partes for vencedora, levado em consideração o pedido que for objeto de decisão, isto é, aquele que tiver sido incluído no dispositivo da sentença, devendo ser, totalmente, desconsideradas as condições em que seria,

[137] Nesse recurso existia concurso de pedidos em cumulação eventual e em cumulação própria sucessiva.

eventualmente, efetivada a procedência parcial do outro pedido e que pode estar apresentada na fundamentação da sentença, pois acabou tal decisão sendo excluída por aquela que constitui a opção final de decisão por parte do julgador.

2.17. As nulidades

O aspecto mais relevante a ser indicado, quanto à matéria das nulidades, é o que aponta para a circunstância de que, existindo cumulação eventual de pedidos, o ato decisório deve decidir a lide na totalidade do que foi pedido em relação ao pedido principal e, sendo desacolhida tal pretensão, à totalidade do que foi postulado no pedido subsidiário.

Assim sendo, não pode a sentença exarar decisão sobre ambos os pedidos, deixar de decidir sobre a segunda pretensão, se for desacolhida a primeira, ou desrespeitar a ordem de formulação dos pedidos, julgando o segundo, sem fazê-lo em relação ao primeiro. É uma coisa ou outra, não as duas, tendo ela que decidir sobre esta última pretensão apenas na eventualidade de não ser acolhida aquela formulada em primeiro lugar.

A decisão jurisdicional, para situar-se dentro dos limites da lide proposta pela parte autora, e para que seja válida, deverá, então, primeiramente, examinar e decidir o pedido principal; se o acolher, encerrada estará a tarefa do julgador; se não o acolher, deverá, em caráter absolutamente obrigatório, decidir o segundo pedido, seguindo nesta seqüência, se existirem mais pedidos subsidiários e se o seu antecedente imediato já tiver sido desacolhido. A tarefa do julgador se encerrará com o acolhimento de qualquer uma das pretensões, ou com a extensão do julgamento até encerrar-se todos os pedidos formulados naquela ação, com as respectivas decisões de improcedência.

Entretanto, caso a decisão não observe este norteamento característico do pedido sucessivo eventual, será ela atingida pelo vício da nulidade, pois terá proferido decisão fora dos limites legais, ficando aquém do pedido (não decidindo o subsidiário), ou além dele (decidindo em seqüência e em acréscimo ambos os pedidos), ou, ainda, desrespeitando a ordem dos pedidos, que é estabelecida, exclusivamente, pela parte autora e tem que ser respeitada, em caráter absoluto, pelo julgador.

No sentido de considerar configurada a nulidade da sentença, nessas hipóteses, já têm sido proferidas algumas decisões[138], quer por ter julgado os dois pedidos, quando apenas um é que devia ter sido, quer por ter encerrado o julgamento, antes da hora adequada e fazendo-o de forma incompleta, por ter deixado de julgar o pedido subsidiário.

Anotamos considerar inadmissível o entendimento exarado em certa oportunidade, em grau de recurso, que considerou ter havido julgamento implícito de não-acolhimento do primeiro pedido, considerando regular o julgamento então do pedido subsidiário[139]. O julgamento não pode ser implícito, pois tem a obrigação de ser feito de forma clara e adequadamente fundamentada, direito esse nato da condição de cidadania, decorrente da exclusividade da atividade julgadora pelo Estado, como proteção a abusos e arbitrariedades dos juízes, sendo a falta de fundamentação nulidade prevista, inclusive, em norma constitucional[140], tal a sua relevância.

---

[138] Ap. Cível 587015124 da 1ª Câmara Cível do Tribunal de Justiça do Rio Grande do Sul, (RJTJRGS 125/419); Ap. Cível 91.610-1 da 8ª Câmara Cível do Tribunal de Justiça de São Paulo, (RJTJSP 111/244); Ap. Cível 189013485 da 5ª Câmara Cível do Tribunal de Alçada do Rio Grande do Sul; Ap. Cível no. 66.147-0 da 6ª Câmara Cível do Tribunal de Alçada do Paraná; e tantas outras.

[139] Apelação Cível nº 28208 da 4ª Câmara Cível do Tribunal de Alçada do Paraná; EDcl no REsp 26.423-0, 3ª Turma do Superior Tribunal de Justiça (DJ 22/03/93).

[140] Art. 192, inc. IX, da Constituição Federal.

Nem o aspecto de que o julgamento implícito se referiria a apenas um dos pedidos justificaria a sua aceitação, porque o dever de fundamentar não pode ser entendido como dizendo respeito a apenas uma parte do processo, podendo ser desconsiderado em relação à outra. Têm as partes o direito de saber as razões fáticas e jurídicas pelas quais o pedido principal foi desacolhido, e o juiz tem a obrigação de divulgá-las. Fundamentação que não abrange todos os aspectos da lide não é fundamentação adequada, é fundamentação incompleta, é ausência de fundamentação, é, indiscutivelmente, nulidade absoluta e insanável, que não pode ser tolerada pelas partes e pelos órgãos judiciários responsáveis pelo julgamento dos recursos. Esse entendimento, além de toda essa falta de juridicidade apontada, não pode ser aceito porque interfere no direito absoluto de o autor escolher a ordem em que quer que os pedidos sejam examinados, pois poderia o julgador, então, sob a máscara do julgamento implícito, optar, de forma totalmente indevida, e pelos motivos mais variados, nem sempre meritórios, decidir pelo julgamento apenas do pedido subsidiário, desconsiderando, totalmente, a existência do pedido principal.

Observo que, na hipótese, em que a sentença desacolha o pedido principal e deixar de se manifestar sobre o pedido subsidiário, demonstra-se viável o seu ataque por intermédio de embargos de declaração, visto que a sentença não esgotou a prestação jurisdicional, por omissão referente a ponto sobre a qual devia ela ter se pronunciado[141], como estabelece o art. 535, inc. II, do Código de Processo Civil.

Recurso esse que, como se sabe, pode ser formulado por qualquer das partes, como se vê do seguinte excerto: "Se não foi apreciado integralmente pedido formulado, qualquer das partes pode embargar de declaração, e não

[141] Na jurisprudência, ver, entre outros, JULGADOS do TARGS 61/92.

apenas a que deduziu o pedido, porque o julgamento integral da demanda a ambos interessa"[142].

Os embargos declaratórios poderão, quando interpostos em virtude de omissão, vir a alterar, integralmente, o dispositivo da sentença, que, face ao julgamento dos referidos embargos, poderá se referir exclusivamente ao pedido antes não julgado, ao pedido omitido[143].

Não se pode olvidar, ainda, na espécie que pode existir, na petição inicial, uma convivência entre pedidos fixos e cumulados ou entre pedidos cumulados de natureza diversa (sucessivos, alternativos ou subsidiários), sendo que, existindo algum outro pedido, além daqueles envolvidos na cumulação eventual, eles também deverão ser objeto da decisão judicial, sob pena de, igualmente, se caracterizar a nulidade, por decisão *citra petita*.

2.18. Condições de recorribilidade

Como particularidade desse tipo de cumulação em relação às condições de recorribilidade, apontaria para a

---

[142] Ag. 57.702-RJ da 6ª Turma do TFR, rel. Min. Eduardo Ribeiro, j. 13.4.92, *in* NEGRÃO, Theotonio, ob. cit., nota 535.18, p. 393.

[143] Ver a respeito, entre outros: 1) Na doutrina: SOUZA, Ernani Vieira de. *Embargos Declaratórios Modificadores da Decisão Embargada. In AJURIS*. Porto Alegre, *10* :157-60; BARBOSA MOREIRA, José Carlos. *Comentários ao Código de Processo Civil*. 5. ed. Rio de Janeiro, Forense, 1985, v. 5, pp. 545-6, chamando a atenção, muito adequadamente, para as oportunidades em que a omissão for sobre alguma preliminar que anteceda o conhecimento do *meritum causae*; e LUCHESI, Fábio de Oliveira. *O alcance do recurso de embargos de declaração. In Revista de Processo*. São Paulo, Ed. Revista dos Tribunais, *55* :252-8; 2) Na jurisprudência, por todos: "Conquanto não se trate de matéria de todo pacificada, existe firme corrente jurisprudencial que admite a extrapolação do âmbito normal de eficácia dos embargos declaratórios, quando utilizado para sanar omissões, contradições ou equívocos manifestos, ainda que implique modificação do que restou decidido no julgamento embargado." (RMS 100-SP, Ilmar Galvão, DJ de 21-5-90. *In* TEIXEIRA, Sálvio de Figueiredo. *Código de Processo Civil Anotado*. 4. ed. São Paulo, Saraiva, 1992, pp. 321-2.

necessidade de ser analisada a questão sobre a existência de interesse de recorrer do autor, quando a decisão tiver atendido a pretensão do autor em relação a sua pretensão subsidiária e desacolhido a formulada em primeiro lugar, isto é, se a eventual preferência do autor pelo atendimento do primeiro pedido autoriza ou não a interposição de recurso para que seja alterada a decisão, dando pela improcedência do primeiro pedido em vez da procedência do segundo pedido, como colocado na decisão, objeto do recurso. A resposta tem, evidentemente, que ser pela negativa.

O autor, ao formular, em sua petição inicial, mais de um pedido em forma seqüencial, uns para conhecimento se desacolhidos os anteriores, estabeleceu uma linha de igualdade jurídica entre eles, de tal forma que a concessão de qualquer um dos pedidos se constitua em resultado útil de sua provocação ao Poder Judiciário[144].

Para que se pudesse entender que tivesse o autor direito de recorrer em tal hipótese, teria que ser considerado que não foi ele totalmente vitorioso, que foi ele parcialmente sucumbente e, em conseqüência, que deverá ter sido ele onerado na sentença com a condenação em encargos sucumbenciais. Nunca porém poderá advogar-se pela não-condenação do autor nos encargos da sucumbência, e, ao mesmo tempo, pela possibilidade de ele recorrer da sentença para mudar a procedência do pedido, do segundo para o primeiro.

Atentando-se para a questão da sucumbência, ver-se-á com mais nitidez a impossibilidade do autor recorrer, caso somente tenha atendida alguma das suas pretensões de caráter subsidiário. Afirma Yussef Said Cahali, com base em Jean Vicent, que "sucumbir é ver a

144 REsp. 42.080-6Sp, da 3ª Turma do Superior Tribunal de Justiça (RSTJ 6(60) agosto 1994, p. 411), não conheceu de recurso em que havia sido acolhido pedido subsidiário. O mesmo ocorreu com o Tribunal de Justiça de São Paulo (RJTJSP, 118/47) e o do Rio Grande do Sul (Apel. Cível, 194256715).

ação rejeitada, se se é o autor, ou ver pronunciadas as condenações contra si, se se é o réu"[145]. Realizando-se o confronto entre esta definição e a situação da sentença que deferiu pedido subsidiário formulado pelo autor, ver-se-á que o autor não teve a sua ação rejeitada, não sendo, em conseqüência, sucumbente, não tendo, além disso, a sentença estabelecido nenhum prejuízo a interesse do autor, que justificasse poder ele querer modificar o dispositivo da sentença[146], que, como se sabe, é a única parte da sentença que exara conseqüências concretas externas à sentença, obrigando os participantes do feito. Não possuindo o dispositivo nenhuma determinação que prejudique o autor, não é ele sucumbente, não tem ele legitimidade para recorrer, não podendo, em suma e em conclusão, recorrer da sentença. Também se examinar o que se entende por parte vencedora[147], que é definida como a parte em favor da qual é reconhecida a situação jurídica pretendida ou em relação à qual não é declarada a existência de uma situação jurídica alheia, ver-se-á que o autor, na hipótese versada, somente pode ser considerado parte vencedora. Sendo o autor vencedor, e apenas vencedor, por afastada sua condição de sucumbente, não tem ele nenhuma legitimidade para recorrer[148].

Se, apesar de ausentes os requisitos da legitimidade e da sucumbência, a parte autora recorrer da sentença, o

[145] *Honorários Advocatícios*. 2.ed. São Paulo, Ed. Revista dos Tribunais,1990, p. 113.

[146] Já afirmou o Tribunal de Justiça de São Paulo (RJTJESP 131/357) a necessidade de gravame aos interesses opostos para que ambas as partes pudessem recorrer, o que, evidentemente não existe em relação ao autor na hipótese versada

[147] CAHALI, Yussef Said. *Honorários Advocatícios*. 2. ed. São Paulo, Ed. Revista dos Tribunais, 1990, p. 114.

[148] Ao decidir o RHC 244-AM o Superior Tribunal de Justiça, usando o Art. 289 do CPC como fonte subsidiária do processo penal, entendeu que o autor não tinha causa para irresignar-se na riva recursal se o primeiro pedido formulado pelo impetrante havia sido atendido pelo juízo recorrido. (RSTJ 2(7) 97-170, mar 1990, p. 139).

juiz deverá, obrigatoriamente, rejeitar o recurso apresentado, quando do exame de suas condições de admissibilidade[149], por não presentes todas as condições legais para a sua admissão e regular tramitação.

2.19. Aspectos do julgamento dos recursos

O julgamento de recursos referentes à cumulação eventual de pedidos apresenta alguns aspectos que merecem algum exame. O primeiro problema referente ao julgamento dos recursos de processos em que exista cumulação eventual de pedidos é o de saber qual o Tribunal competente para julgamento do recurso, especialmente em Estados onde existam Tribunais de Alçada, em que a divisão de competência entre eles e o Tribunal de Justiça seja estabelecido por norma da respectiva Constituição Estadual[150].

Envolvendo cada pedido competência de Tribunais diversos, deve prevalecer sempre a competência do Tribunal de Justiça, visto ter ele toda a competência que não for exclusiva do Tribunal de Alçada. Entretanto, o entendimento não deve ser o mesmo, se o pedido que seria de competência do Tribunal de Justiça já tiver sido, definitivamente, excluído do feito em momento anterior ao da sentença que está sendo objeto de recurso[151], restando no feito somente pedidos de competência do Tribunal de Alçada, que será, então, o competente para julgar todos os pedidos.

---

[149] Art. 518 do Código de Processo Civil.

[150] Na Constituição do Rio Grande do Sul a matéria era disciplinada nos arts. 95, inc. XIII, e 97, tendo sido pela Emenda Constitucional nº 22, de dezembro de 1997, o Tribunal de Alçada incorporado ao Tribunal de Justiça do Estado.

[151] Nos casos de indeferimento parcial da petição inicial, de despacho saneador ou de outra forma de exclusão do pedido, desde que já transitada em julgado.

Além disso, recorde-se que o órgão *ad quem* tem que atentar para a questão de que o julgamento deve abranger apenas um dos pedidos, como já observado no tópico sobre nulidades, devendo ocorrer o exame e decisão do segundo, apenas quando desacolhido o primeiro, mas nesta hipótese, será absolutamente obrigatório que o julgamento abranja a matéria do segundo pedido. Assim, deve ele tanto verificar se o juízo *a quo* atendeu esta exigência legal, decretando a nulidade da decisão se não o tiver feito, como, ao exarar a sua própria decisão, atentar para estes limites específicos da matéria em julgamento, para que a sua decisão também não possa ser atingida pelo vício da nulidade.

Existe uma situação peculiar desse tipo de cumulação que merece ser vivamente examinada. É a que trata das hipóteses em que o julgamento do juízo *a quo* encerrou-se nos limites do pedido principal, por tê-lo acolhido, dando ganho de causa ao autor, em relação ao que nele foi pleiteado, entendendo, porém, o juízo *ad quem* em modificar tal decisão e desacolhê-lo. Como já insistentemente afirmado, desacolhido o pedido principal, deve o julgamento prosseguir para que seja decidido o pedido subsidiário. Mas aqui surge a grande questão: este prosseguimento do julgamento pode ser feito pelo Tribunal que está julgando o recurso, ou terá ele que devolver o feito à origem, para que venha existir decisão do órgão de origem ? Estará ele, irregularmente, julgando em segundo grau o que não foi julgado no primeiro ? Estará sendo suprimido um grau de jurisdição ? Ou, ao contrário, deve-se atentar para a circunstância de somente não ter o juízo de primeiro grau deliberado sobre o pedido subsidiário, por tê-lo considerado prejudicado, por acolhido o principal, considerando-se que não houve supressão de instância ? Existem, indiscutivelmente, argumentos fortes em prol de cada uma das duas posições.

O entendimento de que o processo deve voltar para que o juízo de primeiro grau decida o pedido subsidiário vincula-se ao princípio de que cada grau de jurisdição deve julgar o feito na sua integralidade, não podendo o grau superior julgar o que não tenha sido feito pelo primeiro grau, pois o órgão *ad quem* somente tem poder revisional da decisão de primeiro grau, não podendo complementá-la, em relação àquilo sobre o qual ela não decidiu, mas apenas efetivar a sua ratificação, ou corrigir os eventuais erros nela existentes. Essa posição preserva o princípio do duplo grau de jurisdição e a diferença de função julgadora entre os juízos de primeiro e de segundo graus[152]. Apresenta ela, entretanto, a dificuldade de que, decidindo o segundo grau por inacolher o primeiro pedido, remeterá o processo para complementação de julgamento ao primeiro grau, o que redunda em aumento do tempo de tramitação do processo, o que poderá ser extremamente mais significativo, se existir mais do que um pedido subsidiário, e o procedimento se repetir por duas, três, ou mais vezes.

Por outro lado, em prol do entendimento de que o segundo grau deve proferir a decisão sobre o pedido subsidiário, pode-se dizer não ter o juízo de primeiro grau cumprido, de forma incompleta, o seu mister, pois somente não julgou o pedido subsidiário, por ter acolhido o principal, julgando aquele prejudicado, face ao acolhimento desse. Como se sabe, não pode e não deve o julgador decidir o segundo pedido, quando tiver acolhido o primeiro. Assim, tendo o primeiro grau exarado decisão tanto referente ao primeiro pedido, com o seu acolhimento, quanto em relação ao segundo, com a declaração de tê-lo considerado prejudicado, nada impediria o julgamento completo do segundo grau, que não

[152] Esse entendimento foi o escolhido, de forma unânime, pela 3ª Câmara do Tribunal de Justiça do Rio Grande do Sul, ao julgar a Apelação Cível nº 588014365 (RJTJRGS 133/321), em julgamento do qual participou um dos maiores processualistas do Estado, o Desembargador Galeno Lacerda.

estaria suprimindo a jurisdição de primeiro grau, mas apenas modificando-a, desacolhendo o primeiro pedido e substituindo a decisão de prejuízo em relação ao segundo, por uma decisão que o acolhesse total ou parcialmente, ou o rejeitasse. Além disso, esse entendimento demonstra-se mais consentâneo com os princípios da economia processual e da efetividade do processo, pois permite que o julgamento se encerre de maneira mais rápida e efetiva, sem a necessidade de uma, ou mais devoluções do feito ao primeiro grau.

Em julgamento realizado pelo 1º Grupo de Câmaras Cíveis do Tribunal de Justiça do Estado do Rio Grande do Sul[153], esteve aquele órgão julgador por decidir qual desses caminhos é que deve ser percorrido, no caso de reforma da decisão de primeiro grau, quanto ao pedido subsidiário, mas acabou apenas por anular o acórdão da 2ª Câmara Cível da mesma Corte, que não completara o julgamento, visto que nada decidira sobre o pedido subsidiário, mas apenas desacolhera o pedido principal, dando por encerrado o julgamento, o que, evidentemente, era impossível, caracterizando ausência de jurisdição sobre o segundo pedido. Ao retornar o processo à referida Câmara, face à anulação do acórdão, optou ela por manter a sentença de 1º grau que havia acolhido o pedido principal, restando prejudicada esta questão referente ao julgamento do pedido subsidiário[154].

Audaciosamente, inclino-me pela prevalência do primeiro entendimento, visto que tem sido sempre considerada uma das vantagens do duplo grau de jurisdição, beneficiar-se o juízo *ad quem* da existência, nos autos, da crítica formulada pelas partes em relação à sentença de primeiro grau, apresentada nas peças de

153 Embargos Infringentes 27.735 (RJTJRGS 71/196), que julgava recurso interposto contra decisão proferida na Apelação Cível 27.735 (RJTJRGS 66/309).

154 Esse segundo julgamento da Apelação Cível 27.735 foi publicado na RJTJRGS 74/370.

razões e contra-razões dos recursos[155]. Ora, na espécie, não existirá, nos autos, esta crítica da sentença quanto ao pedido subsidiário, porque a sentença não decidiu o pedido subsidiário, pois logicamente as razões recursais das partes versarão apenas sobre o que foi efetivamente decidido, isto é, sobre o pedido principal. Assim, se o órgão recursal decidir o segundo pedido, não o estará fazendo em grau de revisão de decisão, conhecendo as críticas das partes quanto ao primeiro julgamento. Sem se falar na questão de que podendo ter cada um dos pedidos causa de pedir distinta, não haveria duplo grau de jurisdição referentemente aos fatos e causas embasadores do pedido subsidiário, pois sobre eles não terá havido manifestação expressa do primeiro grau de jurisdição.

Trata-se, entretanto, de questão que ainda se encontra em aberto, em virtude da inexistência de doutrina e de jurisprudência suficientes, referentes a este tema, o que somente virá a ocorrer com o aumento de julgamentos que envolvam situações similares.

---

[155] BARBOSA MOREIRA, José Carlos. *Comentários ao Código de Processo Civil.* 5. ed. Rio de Janeiro, Forense, v. 5, 1985, p. 233.

Anexo

Modelos de pedidos com cumulação eventual

1)
Isso posto, REQUER a anulação do casamento de JMS e AIS, por vício de consentimento, ou caso assim não entender Vossa Excelência, REQUER, com base no art. 289 do Código de Processo Civil, a decretação da separação judicial de JMS e AIS, com base no art. 5º, parágrafo 1º, da Lei 6515/77.

2)
Isso posto, REQUER a decretação da nulidade do contrato de locação realizado com RRR pela ilicitude de objeto, tendo em vista a destinação ilegal dada ao bem, o que contaminou toda a contratação, tendo em vista o locatário já tinha esta inteção desde aquele momento, escondendo-a do locador, e a efetivação da conseqüente reintegração de posse do imóvel. Caso, entretanto, não entender vossa excelência desta maneira, REQUER a rescisão do contrato de locação, por descumprimento de obrigação contratual por parte do locatário, com a efetivação do despejo do requerido.

3)
Isso posto, REQUER a Autora partilha de todos os bens adquiridos em nome do Réu durante o período em que viveu ele em união estável com a postulante (data x a data y), ou, caso assim não entender Vossa Excelência, seja ele condenado ao pagamento dos serviços domésticos prestados pela Autora no mesmo período antes citado, na proporção de um salário mínimo por mês de convívio.

4)
Isso posto, REQUER a condenação do Réu à devolução das parcelas pagas do consórcio, corrigidas de acordo com a valorização do veículo objeto do contrato, ou se, assim não entender Vossa Excelência, que a correção seja realizada de acordo com a variação do IGPM no período.

Explicações:

a) Não é obrigatório o uso da expressão sublinhada, mas sim que fique claro no pedido que o segundo pedido somente é para ser deferido se não deferido o primeiro;
b) tenho conhecimento de que o segundo pedido formulado no exemplo 3 tem sido entendido não mais cabível, mas isso não prejudica o exemplo, até porque pode ocorrer de pedidos formulados em juízo não serem cabíveis;
c) no exemplo 4, a formulação de um segundo pedido para ser atendido se não deferido o primeiro diz respeito apenas à forma de correção do valor cuja devolução é postulada;
d) foram apresentados exemplos de algumas situações hipotéticas, mas somente a situação fática concreta é que vai demonstrar o cabimento ou não da formulação deste tipo de pedido, sendo que certamente poderá ser feito em muitas situações além das quatro indicadas acima.

Bibliografia

ALSINA, Hugo. *Tratado Teórico Práctico de Derecho Procesal Civil y Comercial.* Buenos Aires: Compãnia Argentina de Editores, 1941, v. 1.

AMORIM, Aderbal Torres de. *Reconvenção, Cumulação de Ações e Ação Rescisória. in Revista dos Tribunais.* São Paulo: Ed. Revista dos Tribunais, *581* :73-6.

ARRUDA ALVIM, José Manoel de. *Manual de Direito Processual Civil.* São Paulo: Ed. Revista dos Tribunais, 1978, v. 2.

ASSIS, Araken de. *Cumulação de Ações.* São Paulo: Ed. Revista dos Tribunais, 1989.

BARBI, Celso Agrícola. *Comentários ao Código de Processo Civil.* 3 ed. Rio de Janeiro: Forense, v. 1.

BARBOSA MOREIRA, José Carlos. *Comentários ao Código de Processo Civil.* 5. ed. Rio de Janeiro: Forense, 1986, v. 5.

——. *O Novo Processo Civil Brasileiro.* Rio de Janeiro: Forense, 1982.

CAHALI, Yussef Said. *Dos Alimentos.* 1. ed. São Paulo: Ed. Revista dos Tribunais, 1986.

——. *Honorários Advocatícios.* 2. ed. São Paulo: Ed. Revista dos Tribunais, 1990.

CAPELETTI, Mauro *et alii. Acesso à Justiça.* Porto Alegre: Fabris, 1988.

CARVALHO, Milton Paulo de. *Do Pedido no Processo Civil.* Porto Alegre: Fabris, 1992.

CHIOVENDA, Guiseppe. *Ensayos de Derecho Procesal Civil.* Buenos Aires: Ediciones Jurídicas Europa-América.

CINTRA, Antônio Carlos de Araújo *et alii. Teoria Geral do Processo.* 9. ed. São Paulo: Malheiros, 1993.

CÓDIGO DE PROCEDIMENTO CIVIL. (Código de Processo Civil Chileno). 7. ed. Santiago: Editorial Juridica de Chile.

COUTURE, Eduardo J. *Fundamentos del Derecho Procesal Civil.* 3. ed. Buenos Aires: Depalma, 1958.

——. *Os Mandamentos do Advogado.* Porto Alegre: Fabris, 1979.

CRIBARI, Giovani. *Ação, Processo e Procedimento em Relação à Separação e ao Divórcio, da Partilha e do Registro. in Revista de Processo.* São Paulo: Ed. Revista dos Tribunais, *16* :177-98.

DALLAGNOL JÚNIOR, Antonio Janyr. *Comentários ao Código de Processo Civil.* v. 3. Porto Alegre: Lejur.

DINAMARCO, Cândido Rangel. *A Reforma do Código de Processo Civil.* 2. ed. São Paulo: Malheiros, 1995.

FADEL, Sérgio Sahione. *Código de Processo Civil Comentado.* Rio de Janeiro: Konfino, v. 2, 1974.

FARINHA, João de Deus Pinheiro. *Código de Processo Civil Anotado.* Ática, v.1.

FERNANDES, Antonio Scarance. *Prejudicialidade.* São Paulo: Ed. Revista dos Tribunais, 1988.

GUASP, Jaime. *Derecho Procesal Civil.* 3. ed. Madrid: Instituto de Estudios Politicos, v. 1, 1968.

LACERDA, Galeno. *Comentários ao Código de Processo Civil.* 2. ed. Rio de Janeiro: Forense, v. 8, t. 1, 1984.

LIEBMAN, Enrico Tullio. *Estudos sobre o Processo Civil Brasileiro.* São Paulo: José Bushatski, 1976.

LIMA, Alcides de Mendonça. *Dicionário do Código de Processo Civil Brasileiro.* São Paulo: Ed. Revista dos Tribunais, 1986.

LUCHESI, Fabio de Oliveira. *O alcance do recurso de embargos de declaração. In Revista de Processo.* São Paulo: Ed. Revista dos Tribunais, *55* : 252-8.

MARQUES, José Frederico. *Manual de Direito Processual Civil.* São Paulo: Saraiva, v. 2, 1974.

MARTINS, Pedro Batista. *Comentários ao Código de Processo Civil.* 2. ed. Rio de Janeiro: Forense, v. 2, 1960.

MIRANDA, Darcy Arruda *et alii. Código de Processo Civil nos Tribunais.* 4. ed. Brasiliense, v. 3.

MONIZ DE ARAGÃO, E. D. *Comentários ao Código de Processo Civil.* 1. ed. Rio de Janeiro: Forense, v. 2, 1974.

——. *Conexão e "Tríplice Identidade".* in *AJURIS.* Porto Alegre, *28*: 72-80.

NEGRÃO, Theotonio. *Código de Processo Civil e legislação processual em vigor.* São Paulo: Malheiros, 1993.

PAULA, Alexandre de. *Código de Processo Civil Anotado.* 5. ed. São Paulo: Ed. Revista dos Tribunais, v. 2.

——. *O Processo Civil à Luz da Jurisprudência.* Rio de Janeiro: Forense, v. 3, 1982.

PASSOS, J. J. Calmon de. *Comentários ao Código de Processo Civil.* 4. ed. Rio de Janeiro: Forense, v. 3, 1983.

PIMENTEL, Wellington Moreira. *Comentários ao Código de Processo Civil*. 2. ed. São Paulo: Ed. Revista dos Tribunais, v. 3, 1979.

PONTES DE MIRANDA, Francisco Cavalcanti. *Comentários ao Código de Processo Civil*. (1939). Rio de Janeiro: Forense, v. 3, t. 1, 1958.

——. *Comentários ao Código de Processo Civil*. (1973). Rio de Janeiro: Forense, v. 4, 1974.

PORTO, Sérgio Gilberto. *Sobre o Ministério Público no Processo Não-Criminal*. Porto Alegre: AMP/Escola Superior do Ministério Público, 1989.

REIS, José Alberto dos. *Código de Processo Civil Anotado*. 3. ed. Coimbra: Coimbra Ed., v. 2, 1949.

——. *Código de Processo Civil Anotado*. 3. ed. Coimbra: Coimbra Ed., v. 2, 1981.

ROCHA, José Taumaturgo da. *Procedimento Ordinário. Alguns Aspectos da Demanda, da Resposta, do Saneamento. in Revista de Processo*. São Paulo: Ed. Revista dos Tribunais, *22* :169-77.

ROSENBERG, Leo. *Tratado de Derecho Procesal Civil*. Buenos Aires: Ediciones Juridicas Europa-America, v. 2.

SANTOS, Moacyr Amaral dos. *Primeiras Linhas de Direito Processual Penal*. São Paulo: Saraiva, v. 2, 1979.

SILVA, Ovídio A. Baptista da. *Curso de Processo Civil*. Porto Alegre: Fabris, v. 1, 1987.

SOUZA, Ernani Vieira de. *Embargos Declaratórios Modificadores da Decisão Embargada. in AJURIS*. Porto Alegre, *10* :157-60.

TEITELBAUM, Jaime W. *El Processo Acumulativo Civil*. Montevideo: Ediciones Jurídicas Amalio M. Fernandes, 1973.

TEIXEIRA, Sálvio de Figueiredo. *Código de Processo Civil Anotado*. 4a. ed. São Paulo: Saraiva, 1992.

TESHEINER, José Maria Rosa. *Elementos para uma Teoria Geral do Processo*. São Paulo: Saraiva, 1993.

TORNAGHI, Hélio. *Comentários ao Código de Processo Civil*. 2. ed. São Paulo: Ed. Revista dos Tribunais, v. 2, 1975.

TUCCI, Rogério Lauria. *Curso de Direito Processual Civil*. São Paulo: Saraiva, v. 2, 1989.

Índice analítico

Impresso com filme fornecido pelo cliente por:
LA SALLE
Gráfica Editora
FONE: (051) 472-5899
CANOAS - RS
1998